MW01536766

**Metodología de la Investigación Educacional**

Ernan Santiesteban Naranjo

# Metodología de la Investigación Educacional

Metodología de la Investigación Educacional

Editorial Académica Española

**Impresión**

Información bibliográfica publicada por Deutsche Nationalbibliothek: La Deutsche Nationalbibliothek enumera esa publicación en Deutsche Nationalbibliografie; datos bibliográficos detallados están disponibles en internet en http://dnb.d-nb.de.
Los demás nombres de marcas y nombres de productos mencionados en este libro están sujetos a la marca registrada o la protección de patentes y son marcas comerciales o marcas comerciales registradas de sus respectivos propietarios. El uso de nombres de marcas, nombre de producto, nombres comunes, nombre comerciales, descripciones de productos, etc. incluso sin una marca particular en estas publicaciones, de ninguna manera debe interpretarse en el sentido de que estos nombres pueden ser considerados ilimitados en materias de marcas y legislación de protección de marcas y, por lo tanto, ser utilizadas por cualquier persona.

Imagen de portada: www.ingimage.com

Editor: Editorial Académica Española es una marca de
LAP LAMBERT Academic Publishing GmbH & Co. KG
Heinrich-Böcking-Str. 6-8, 66121 Saarbrücken, Alemania
Teléfono +49 681 3720-310, Fax +49 681 3720-3109
Correo Electronico: info@eae-publishing.com

Aprobado por: Las Tunas, Universidad, Investigación Proyecto

Publicado en Alemania
Schaltungsdienst Lange o.H.G., Berlin, Books on Demand GmbH, Norderstedt,
Reha GmbH, Saarbrücken, Amazon Distribution GmbH, Leipzig
ISBN: 978-3-659-01648-6

**Imprint (only for USA, GB)**

Bibliographic information published by the Deutsche Nationalbibliothek: The Deutsche Nationalbibliothek lists this publication in the Deutsche Nationalbibliografie; detailed bibliographic data are available in the Internet at http://dnb.d-nb.de.
Any brand names and product names mentioned in this book are subject to trademark, brand or patent protection and are trademarks or registered trademarks of their respective holders. The use of brand names, product names, common names, trade names, product descriptions etc. even without a particular marking in this works is in no way to be construed to mean that such names may be regarded as unrestricted in respect of trademark and brand protection legislation and could thus be used by anyone.

Cover image: www.ingimage.com

Publisher: Editorial Académica Española is an imprint of the publishing house
LAP LAMBERT Academic Publishing GmbH & Co. KG
Heinrich-Böcking-Str. 6-8, 66121 Saarbrücken, Germany
Phone +49 681 3720-310, Fax +49 681 3720-3109
Email: info@eae-publishing.com

Printed in the U.S.A.
Printed in the U.K. by (see last page)
ISBN: 978-3-659-01648-6

# METODOLOGÍA DE

# EDUCACIONAL

# LA INVESTIGACIÓN

Autor: Dr. C. Ernan Santiesteban Naranjo

Contenido

## Capítulo I. Generalidades de la Investigación Educacional

## Capítulo I. Generalidades de la Investigación Educacional

### 1.1. La Metodología de la Investigación Educacional. Su objeto

El desarrollo acelerado de la ciencia contemporánea y su influencia creciente en todas las esferas de la vida social, son rasgos característicos del mundo actual. Por tanto, la sociedad requiere más que nunca en la historia el desarrollo intensivo de la tecnociencia, la educación y la cultura. En este contexto la investigación educacional desempeña un papel esencial en el perfeccionamiento del sistema educativo, de sus fines, contenidos, métodos, medios, formas de organización, propuestas educativas formales y no formales y el estudio de la actividad de los educandos y su proceso de desarrollo bajo la influencia educativa de la actividad de los educadores, los requisitos personales y profesionales, las vías para su formación.

La metodología de la Investigación Educacional es la ciencia que estudia cómo se dirige científicamente la investigación en el campo de las ciencias de la educación, es la vía de solución sistemática de los problemas de investigación; es por tanto, el estudio filosófico de la actividad científica que constituye un conocimiento general del proceso de investigación científica en las ciencias pedagógicas, de su estructura, de sus elementos y de sus métodos. La metodología constituye la doctrina del método científico y de transformación del mundo. Es una sucesiva reconfiguración de procedimientos de investigación que se emplean en una ciencia.

La Investigación Educacional surge dada la necesidad que tiene el hombre de darle solución a los problemas que se manifiestan en su vida cotidiana, en el contexto educacional y contribuye al perfeccionamiento del sistema educativo; lo que posibilita elevar el nivel científico, técnico, profesional, cultural y la formación integral de las nuevas generaciones y del pueblo en general.

La Investigación Educacional es aquel proceso de aproximación sucesiva, de carácter creativo e innovador que pretende encontrar respuesta a problemas docentes, de la práctica pedagógica, científicos y con ello lograr hallazgos significativos que aumentan el conocimiento humano y lo enriquecen. Dicho proceso implica la concatenación lógica y rigurosa de una serie de etapas o tareas del proceso del conocimiento.

Para desarrollar el proceso de Investigación Educacional se puede recurrir a diversos caminos metodológicos; su empleo está en función del objeto de investigación, que condiciona el tipo de estudio que se requiere para alcanzar los objetivos propuestos.

La metodología es la ciencia que nos enseña a dirigir determinado proceso de manera eficiente y eficaz para alcanzar los resultados deseados y tiene como objetivo darnos la estrategia a seguir en el proceso.

La Metodología de la Investigación Educacional es aquella ciencia que provee al profesor-investigador de una serie de conceptos, principios, métodos y leyes que le permiten encauzar el estudio verdaderamente científico del objeto de la ciencia de la educación de un modo eficiente y tendiente a la excelencia.

¿Qué estudia la Metodología de la Investigación Educacional?

El objeto de estudio de la Metodología se puede definir como el proceso de Investigación Científico-educacional, el cual está conformado por toda una serie de pasos lógicamente estructurados y relacionados entre sí. El estudio de dicho objeto se hace sobre la base de un conjunto de características y de sus relaciones y leyes.

La Metodología de la Investigación Educacional incluye además el estudio más general y

1

sistémico (epistemológico) de los métodos de adquisición del conocimiento y transformación de la realidad. Es una reflexión sistémica acerca de los métodos y procedimientos de investigación en las ciencias de la educación, es decir: de la utilización consciente de los principios, características y leyes del proceso de Investigación Pedagógica.

Todo lineamiento o esquema metodológico debe de estar sustentado, a la vez, dentro de un esquema general que es el método de la investigación científica.

El método de la investigación científica es el modo de abordar la realidad, de estudiar los fenómenos de la naturaleza, la sociedad y el pensamiento con el propósito de descubrir la esencia de los mismos y sus relaciones; es la estructura del proceso de Investigación Educacional para enriquecer la ciencia.

En nuestra concepción, todo método científico fundamenta sus bases en los principios del materialismo dialéctico, donde el fenómeno que se estudia hay que analizarlo objetivamente de forma íntegra y multilateral (principio de sistematicidad) estando ante todo en la obligación de esclarecer las fuentes internas y la fuerza motriz del desarrollo de los fenómenos en su evolución (principio de historicismo).

En resumen, la Metodología de la Investigación Educacional estudia las características, las leyes y los métodos de dicho proceso, todo lo cual, en su conjunto, constituye un modelo teórico de la Investigación Educacional que a continuación se pasa a explicar.

## 1.2. La Ciencia y la Tecnología. Breve Evolución Diacrónica

La significación de la ciencia en la vida de la humanidad es trascendental y se desarrolla constantemente. Es conspicuo su papel en la sociedad, que se desarrolla sobre la base de planes científicamente fundamentados, de la utilización consciente y multifacética de las leyes objetivas de la naturaleza y la sociedad. De ahí, que al tratar lo específico de la ciencia como fenómeno social, se debe hacer con particular atención.

Como ciencia, se entiende el conocimiento sistematizado y objetivo del hombre sobre la esencia de los fenómenos y procesos naturales y sociales, conocimientos que se expresan en forma de leyes y teorías. No obstante, no es tan solo conocimiento obtenido y comprobado por la experiencia, sino además, la actividad que constituye el proceso de búsqueda y adquisición de conocimientos y la solución de problemas científicos que se efectúan por medio de un conjunto de mediadores que facilitan la investigación.

En principio la función de la ciencia se ve vinculada a la adquisición de conocimientos, al proceso de conocer, cuyo ideal más tradicional es la verdad, la objetividad y el rigor que son atributos de este conocimiento.

La ciencia ha evolucionado considerablemente desde la contemplación, para luego orientarse al descubrimiento y finalmente -lo cual sería el rasgo contemporáneo-, la investigación o indagación.

Desde la antigüedad hasta el renacimiento, la ciencia fue un conocimiento que se apoyaba en la contemplación de la naturaleza. Es posible acceder a la esencia de la naturaleza por medio de la observación y el razonamiento.

La ciencia moderna, lidiada por Galileo, modifica parcialmente esto, desplaza la contemplación y la especulación sobre la esencia y promueve una racionalidad apoyada en la experimentación y el descubrimiento de las leyes matemáticas que están "detrás" de los fenómenos sociales.

Para Descartes, no es suficiente la observación; es mediante el experimento que se formulan preguntas a la naturaleza, obligándola a revelar la estructura matemática

2

subyacente.

La ciencia contemporánea, al ocuparse de la naturaleza (en general de la realidad), lo hace por medio de un conjunto de mediadores que a lo largo de su desarrollo, la propia ciencia y la técnica han venido construyendo: modelos, teorías, instrumentos, tecnología, y gracias a ello es que se realiza la investigación.

En resumen, el ideal de la Ciencia antigua fue la observación, el de la ciencia moderna el descubrimiento que apela fundamentalmente al recurso de la experimentación y la matematización, por tanto la ciencia actual se realiza por medio de la investigación en su sentido estricto.

Por otra parte, la función de la técnica se vincula con la realización de procedimientos y productos, al hacer, cuyo ideal es la utilidad (utilidad práctica). La técnica se refiere a procedimientos operativos útiles desde el punto de vista práctico para determinados fines. Constituye saber el cómo, sin exigir necesariamente saber por qué. Ese porqué, es decir, la capacidad de ofrecer explicaciones, es propio de la ciencia.

La técnica se refiere al hacer eficaz, es decir, a reglas que permitan alcanzar de modo correcto, preciso y satisfactorio ciertos objetivos prácticos.

La técnica ha sufrido (en su evolución) un proceso de diferenciación que ha dado lugar a la tecnología, la cual constituye aquella forma y desarrollo histórico de la técnica que se basa estructuralmente en la existencia de la ciencia.

Por tanto, la *tecnología es aquella consecutividad de procedimientos, normas y productos operativos; cuya función práctica sustenta la existencia de la ciencia.*

Desde esta perspectiva la tecnología representa un nivel de desarrollo de la técnica en la que la alianza con la ciencia introduce un rasgo definitorio. De igual modo que la Ciencia Contemporánea no cancela otras formas de conocimiento, sino que coexiste con ellos, la aparición de la moderna tecnología no elimina la existencia de muchas otras dimensiones de la técnica, cuya relación con el conocimiento científico no tiene el mismo carácter instrumental.

La ciencia es un fenómeno social multifacético y complejo. En el momento actual se ha convertido ya en una esfera de la vida social y de forma específica, concreta, de la actividad de un gran número, siempre creciente, de personas. Cuando se habla de la ciencia como forma de la conciencia social, se toma tan solo un aspecto, aunque sustancial de ella, o sea, que la referida actividad cognoscitiva es una forma del reflejo de la realidad, la forma de su conocimiento sistematizado.

Las funciones de la ciencia dependen principalmente de las necesidades sociales que ella satisface. Estas necesidades plantean a la actividad científica dos objetivos primordiales: multiplicar el saber científico y determinar las vías de su inserción en la práctica social. En la ciencia contemporánea se pueden distinguir cuatro funciones principales: cognoscitiva, práctica, formativa y educativa. La primera supone el incremento permanente del saber científico a partir de la solución de problemas científicos cuyas fuentes pueden ser diversas y frecuentemente se vinculan con necesidades provenientes de la práctica. Esto, desde luego, varía no solo según los plazos históricos, sino que también es fluctuante de una ciencia a otra. La segunda presupone la solución del estado de discrepancia entre el estado real de los objetos y fenómenos y el ideal. La difusión de la ciencia condiciona las dos restantes: la formación de investigadores y su educación sustentada en principios éticos y morales.

El objetivo universal del conocimiento científico es el mundo y el hombre mismo. Las diferentes ciencias surgen de las necesidades de la práctica social -productiva. Engendradas sobre la base de la práctica, la ciencia está dirigida a servirla, a posibilitar su perfeccionamiento y desarrollo.

La ciencia conserva una consecuente sucesión de los conocimientos objetivos adquiridos por el hombre que constituyen el acervo científico de la sociedad el cual no niega, y lo utiliza en su práctica para su ulterior avance.

La ciencia tiene muy diversas expresiones en la educación, en la industria, en los servicios, en las labores de consultoría, como ciencia se entiende, desde la dinámica del presente texto, aquella *esfera de la actividad cognoscitiva del hombre dirigida a la búsqueda de nuevos conocimientos. Actividad que se desarrolla mediante un conjunto de mediadores en un proceso de aproximaciones sucesivas en el que el sujeto cognoscente siempre se va acercando al objeto del conocimiento, proceso dialéctico en el que a partir de la acumulación gradual de conocimientos, experiencias, valores y habilidades en función de determinadas antinomias, entropías y sesgos; y gracias a la interacción con otros sujetos cognoscentes se produce un salto en el conocimiento, en el que se desarrollan tanto el sujeto cognoscente como el objeto del conocimiento; esta interacción, que se desarrolla a través de la investigación, permite la aparición de una sinergia, nuevas leyes, teorías, postulados, enfoques, concepciones; o sea, un nuevo conocimiento teórico.*

El investigador debe desarrollar una personalidad crítica, antidogmática, de lo contrario su trabajo corre el riesgo de empobrecerse. No sólo se conoce a partir del conocimiento existente, sino además y en cierto sentido, contra ese conocimiento. Es en las revoluciones científicas, donde esta afirmación se hace del todo evidente.

El científico es portador no sólo de su cultura científica y talento, sino también de los reguladores ideológicos, políticos y morales de su conducta los cuales pueden influir en su trabajo de diversos modos y con variable intensidad. La creación científica exige consagración y las fuentes que alimentan la disposición a esta, no pertenecen sólo al ámbito intracientífico, sino que responden a resortes ideo-políticos y éticos. En ello radica la importancia de cuidar la formación de los investigadores en estos últimos sentidos. Vea figura 1.

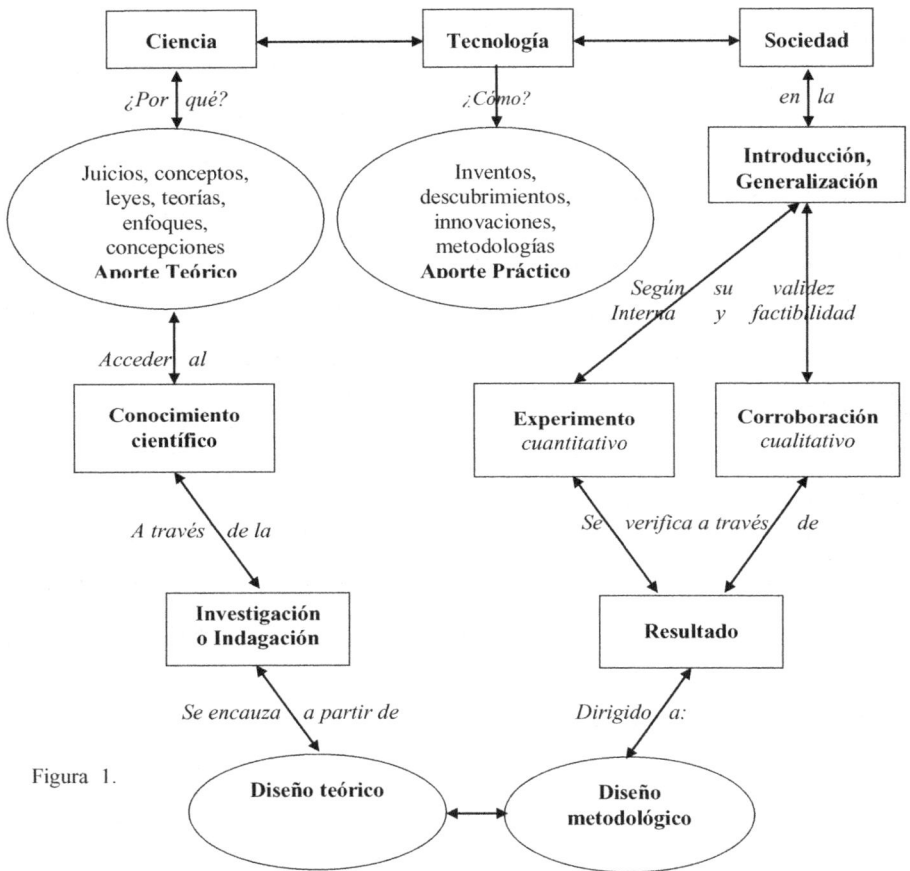

```
    Ciencia   ◄──────►   Tecnología   ◄──────►   Sociedad

   ¿Por qué?              ¿Cómo?                  en la

 Juicios, conceptos,     Inventos,            Introducción,
    leyes, teorías,      descubrimientos,     Generalización
      enfoques,          innovaciones,
    concepciones         metodologías
   Aporte Teórico        Aporte Práctico
                                      Según    su    validez
                                      Interna   y   factibilidad

   Acceder al

   Conocimiento          Experimento          Corroboración
    científico           cuantitativo         cualitativo

  A través de la         Se verifica a través de

   Investigación         Resultado
   o Indagación

  Se encauza a partir de    Dirigido a:

Figura 1.
              Diseño teórico        Diseño
                                    metodológico
```

## 1. 3. Acerca de las categorías: Investigación e Indagación. Conceptualización

Antes de iniciar la precisión y definición de las referidas categorías, es necesario la definición del concepto investigación e indagación desde la dinámica del presente texto, se entiende por *investigación el proceso de aproximaciones sucesivas en el que el sujeto cognoscente siempre se va acercando al objeto del conocimiento, proceso dialéctico en el que a partir de la acumulación gradual de conocimientos, experiencia, valores, habilidades, hábitos, en función de determinadas antinomias, entropías y sesgos, y gracias a la interacción con otros sujetos cognoscentes se produce un salto en el que se desarrollan tanto el investigador como el objeto del conocimiento.*

5

Por tanto, cuando la situación problémica se da en el objeto, es necesario definir este y su campo de acción: **INVESTIGACIÓN**. Por otro lado, cuando la situación problémica no se da en el objeto, sino en el sujeto: **INDAGACIÓN**. De ahí, que el diseño de indagación aluda a las siguientes categorías:

En este caso solo es necesario definir: el tema, situación problémica, objetivos, preguntas científicas (son interrogantes que se hace el indagador, no tiene respuestas de estas) y métodos.

En el caso de la investigación, se debe definir: problema científico, objeto de estudio, campo de acción, objetivo, hipótesis (o cualquier forma de conjetura científica), tareas científicas, métodos y técnicas, población y muestra, novedad científica, valores (teóricos y prácticos) y, base metodológica.

## 1.4. Conocimiento: taxonomía y definición

El conocimiento constituye el elemento trascendental en la actividad cognoscitiva. Esta constituye una forma esencial de la actividad espiritual del hombre. Condicionada por la práctica, refleja la realidad y la reproduce en forma de conocimiento que se expresa en principios, leyes, categorías, hipótesis, teorías, etc.

V.I. Lenin

El conocimiento media toda actividad humana incluyendo su fundamento sustancial: la práctica. Tiene carácter mediato y deviene proceso de aproximación constante del sujeto al objeto. Según V.I. Lenin (1964 t 38: 40) "El conocimiento es el reflejo de la naturaleza por el hombre. Pero no es un reflejo simple, inmediato, completo, sino el proceso de una serie de abstracciones, la formación y el desarrollo de conceptos, leyes, etc., y estos conceptos, leyes, etc. (...) abarcan condicional, aproximadamente, el carácter universal, regido por leyes de la naturaleza en eterno desarrollo y movimiento".

El conocimiento se funda en la práctica y está determinado por ella, sin embargo, la práctica resulta estéril al margen del conocimiento. Según V.I. Lenin (1978: 13) "El conocimiento se encuentra frente a lo que en verdad existe como realidad presente con independencia de las opiniones (...) objetivas... La voluntad del hombre, su práctica, impiden la consecución de sus fines (...) en la medida en que se separan del conocimiento y no reconocen la realidad exterior como lo que verdaderamente es..."

El carácter dialéctico del conocimiento se manifiesta en todas sus fases y niveles. Es una condición necesaria para reflejar la realidad en su esencialidad. La dialéctica del conocimiento en su expresión teórica y práctica, se expresa como interacción mediata sujeto-objeto, que transita del desconocimiento al saber, de la esencia de primer grado a esencia de segundo grado, en un movimiento ascendente de carácter infinito, eternamente mediado por la práctica social.

La dialéctica del proceso cognoscitivo se pone particularmente de manifiesto en la interacción de lo sensorial y lo racional.

Lo sensorial es la forma más elemental del conocimiento, se trata de aquella imagen que se forma en el sujeto con ayuda de los órganos de los sentidos, en el curso de su interacción directa con el objeto. Esa imagen se constituye sobre la base de tres procesos

6

cognoscitivos fundamentales, indisolublemente ligados: las sensaciones, percepciones y representaciones.

El potencial cognoscitivo de cada uno de estos procesos es comparativamente diferente. Si las sensaciones reflejan sólo las propiedades aisladas de los objetos y fenómenos, en las percepciones se trata ya el objeto como una totalidad concreto-sensible, pero en relación directa con él, en tanto las representaciones constituyen la evocación, también relativamente integral, pero de un objeto con el cual el sujeto ya no sostiene una relación espacio-temporal inmediata.

No obstante sus diferencias internas, el conjunto del conocimiento sensorial posee tres rasgos distintivos:

1. su inmediatez, es decir, el carácter más o menos directo del reflejo;
2. su carácter fenoménico y superficial al fijar fundamentalmente las determinaciones externas de las cosas;
3. su carácter figurativo, su capacidad de operar con imágenes señoriales.

El conocimiento sensorial, como todas las facultades cognoscitivas del ser humano, es condicionado histórica y socialmente. Al respecto F. Engels (O.E: 718) señaló: "La vista del águila tiene mucho más alcance que la del hombre, pero el ojo humano percibe en las cosa muchos más detalles que el ojo del águila. El perro tiene un olfato mucho más fino que el hombre, pero no puede captar ni la centésima parte de los olores que sirven a este de signos para diferenciar cosas distintas…"

Esto obedece a que, en el caso del hombre, la actividad de sus órganos sensoriales, es "iluminada" por la razón, por el pensamiento abstracto, forjado sobre la base de la comunicación social, del trabajo, y en general, de la práctica sociohistórica de la humanidad.

Si el conocimiento sensorial permite al hombre formarse una imagen más o menos inmediata del objeto, el racional hace posible el reflejo de las propiedades y relaciones internas, esenciales y universales de la realidad.

Entre las múltiples formas del conocimiento racional se destacan tres fundamentales: los conceptos, los juicios, y los razonamientos. Los primeros reflejan las propiedades más generales, necesarias y esenciales de los objetos, al tiempo que los segundos expresan ideas relativamente acabadas sobre los objetos y fenómenos y sus relaciones mutuas, y los terceros son una forma de la actividad del pensamiento que hace posible la obtención de nuevos conocimientos a partir de los ya establecidos.

A diferencia de lo sensorial, el conocimiento racional se caracteriza por:

1. ser directo, o sea, mediado por el pensamiento abstracto;
2. su profundidad, su capacidad de penetrar en la esencia de los objetos;
3. su naturaleza conceptual, lógico-abstracta.

La gnoseología marxista supera la unilateralidad tanto del sensualismo como del racionalismo en su tradicional polémica acerca del papel de lo sensorial y lo racional en el conocimiento y sus relaciones mutuas, reteniendo de ellos sus momentos positivos: por un lado, el reconocimiento de lo sensorial como fundamento último del conocimiento y, por otro, el acento en el carácter activo y relativamente independiente de la razón.

El conocimiento, en su aprehensión de la realidad transcurre, según V.I. Lenin (1964 OE: 40) "De la contemplación viva al pensamiento abstracto, y de este a la práctica es el camino dialéctico del conocimiento de la verdad, del conocimiento de la realidad objetiva", resultado de este movimiento general de sensorialmente concreto a lo abstracto se fundamenta la siguiente clasificación del conocimiento

7

El **conocimiento ordinario**: es empírico, espontáneo y está ligado al quehacer laboral, limitándose a relejar las propiedades observables directamente sin profundizar en las leyes, nexos y las cantidades y cualidades esenciales.

El **conocimiento especulativo-imaginario**: se expresa o concreta en la ficción, lo artístico y lo religioso. Es el reflejo del poder imaginativo del sujeto psicológico, el cual no refiere de forma directa en la realidad, sino que lo hace inferencialmente a través de la creatividad especulativa del ser humano.

El **conocimiento científico**: es una forma especial del conocimiento vinculado históricamente al surgimiento de las clases y a la división social del trabajo. Es un tipo de conocimiento que se distingue ante todo por su carácter sistémico, por su proyección futurista con una determinada seguridad y en la planificación de las transformaciones que lleva a cabo el ser humano.

Un término puede ser valorado desde diferentes perspectivas, este puede manifestarse como un cambio funcional, lo lógico es valorar este, o cualquier otro fenómeno desde una misma perspectiva como varias cosas a la vez. Así se evidencia la violación de una de las leyes de la acción racional del pensamiento.

Toda actividad implica por lo menos una acción, no obstante una acción desde otra perspectiva puede ser considerada una actividad; lo mismo ocurre con una determinada causa, la que lógicamente, ha sido efecto de otra causa, lo que no puede ser es causa de una misma causa, ni efecto de un mismo efecto.

Otra reflexión de lo antes expuesto es la relación con las conceptualizaciones y su correspondencia con su taxonomía, se manifiestan en las Ciencias Sociales dentro de la relación padre-hijo dada que un mismo sujeto puede ser padre e hijo, pero desde diferentes perspectivas, ya que en su relación con otro sujeto solo puede ser o bien de padre o de hijo y no a la vez. Usted es hijo de su padre y no padre de su padre.

El conocimiento ordinario, cotidiano o empírico, se puede definir como **conocimiento acientífico**; el especulativo-imaginario o razonamiento especulativo como **anticientífico**.

| N$^{ro}$ | Acientífico | Anticientífico | Científico |
|---|---|---|---|
| 1 | Se da diacrónicamente junto a la actividad y a las acciones laborales del sujeto. | Se da diacrónicamente junto al proceso imaginativo del sujeto en la creación artística y en la especulativa. | Se forma como proceso especial del conocimiento, unido a la superación del trabajo manual e intelectual. |
| 2 | La actividad cognoscitiva se realiza por parte de los sujetos que participan en la interacción. | La actividad cognoscitiva se realiza a través de lo imaginado y creado. | La actividad cognoscitiva es realizada por personas especialmente preparadas; que la realizan en forma de indagación o investigación. |
| 3 | Se caracteriza por ausencia de medios especiales del conocimiento. | Se caracteriza por la abstracción como modo especial y se concreta con instrumentación idealista. | El conocimiento científico crea y elabora los medios especiales del conocimiento. |
| 4 | Los objetos del | Los objetos del | Aborda no solo los |

| | | | |
|---|---|---|---|
| | conocimiento son vinculados con la actividad o acción práctica del sujeto. | conocimiento son la imaginación de la realidad como alternativa. | objetos relacionados con la actividad práctica sino otros que aparecen en el curso del desarrollo del conocimiento. |
| 5 | Los conocimientos reflejan juicios que recogen la experiencia de las generaciones. | Los conocimientos se reflejan en forma de juicios idealista. | Los conocimientos expresan sistemas especiales de categorías. |
| 6 | Se limita a encontrar nuevos hechos. | Busca una recreación de la realidad. | Busca explicar los hechos mediante las hipótesis, leyes, teorías existentes o creando nuevas. |
| 7 | La objetividad es muy limitada, pues está vinculada a la percepción y acción. | Es un conocimiento esencialmente subjetivo. | Mayor objetividad y confiabilidad, pues las teorías científicas contrastan con la experiencia para ser verificadas o negadas. |

La organicidad es un rasgo esencial del saber científico: no se trata de conocimientos dispersos e inconexos, sino de un saber ordenado lógicamente que constituye un sistema de generalizaciones y principios que relaciona hechos y formula leyes. Los nuevos conocimientos se incorporan a sistemas establecidos, que a su vez se desarrollan permanentemente. De ser verdadero o al menos probable, la exactitud no es un requisito del saber científico, debe estar comprobado en cierto grado o existir un margen razonable de que puede ser verificado. En todo caso, siempre será susceptible de ser perfeccionado en el curso del trabajo científico.

A diferencia del conocimiento acientífico (con frecuencia mecánico, no sistémico y acrítico) el saber científico se obtiene mediante un conjunto de mediadores, procedimientos con pretensión de validez utilizando la reflexión sistémica, los razonamientos lógicos y respondiendo a una búsqueda intencionada; está precedida de teorías, hipótesis, diseños de investigación, evaluación de métodos y se sigue de una evaluación sistémica de sus resultados.

En conclusión: el conocimiento científico es resultado de las tareas de investigación que se vale del método científico. Este, por su naturaleza, adopta los hechos como su fuente de información básica y es conducido en todo momento por los enfoques teóricos que adopta el investigador como base metodológica. Para ello él se ajusta a reglas metodológicas formalizadas y procura contrastar empíricamente sus ideas con la realidad a través de métodos científicos; gracias a ellos es autocorrectivo y progresivo: va rechazando, corrigiendo o ajustando las conclusiones según la nueva información disponible y progresa en la medida que enriquece sus conclusiones y perfecciona los métodos, los procedimientos y las técnicas que utiliza. Más especificidad consultar el acápite que trata acerca de la prosa científica.

## 1.5. Paradigmas de la Investigación

T. Kühn

La noción de paradigmas fue desarrollada por el filósofo, psicólogo y físico: Thomas Kühn. Este concepto se refiere a un modelo donde se concreta una profunda fundamentación teórica que sirve como soporte filosófico para sustentar otras teorías. Dicho modelo es aceptado por una comunidad científica, este incluye leyes, teorías, principios, metodologías, fundamentos epistemológicos, concepciones, etc.; el mismo no es solo teórico sino también práctico, pues tiene una matriz disciplinar.

En la actualidad se habla con frecuencia, por lo menos, de dos paradigmas de la investigación científica bien delimitados: el cualitativo y el cuantitativo. En realidad, ambos modelos constituyen dos extremos de una misma filosofía idealista subjetiva (J. Chávez, 1996).

### Paradigma Cuantitativo

Sus fundamentos epistemológicos se encuentran dentro del **positivismo** o en las posiciones del **neopositivismo** contemporáneo: positivismo lógico y semántico (por lo que también se conoce como paradigma positivista); así como en el **pragmatismo** y el **empirismo**. El ya citado paradigma es el que, desde el punto de vista histórico surge diacrónicamente primero; en las ciencias naturales y fue extrapolado a las ciencias sociales.

Augusto

El positivismo es una corriente de la filosofía burguesa, que proclama como fuente única del conocimiento verídico, auténtico, a las ciencias concretas (empíricas) y que niega el valor cognoscitivo de la investigación filosófica. Es significativo señalar que surgió como tendencia filosófica en la década del 30 y del 40 del siglo XIX. Su fundador fue el Francés Comte. El referido autor concebía el positivismo como punto culminante, como evolución del pensamiento humano de la fase teológica a la metafísica y de ésta a la positivista.

Primero, pensaba que la realidad dependía de seres divinos. Segundo, las representaciones religiosas son sustituidas por doctrinas especulativas de la esencia y las causas que se encuentran más allá de los fenómenos. Tercero, la fase de inteligencia humana, en la que planteaba la imposibilidad de adquirir conocimiento absoluto.

Al principio fue una doctrina revolucionaria, puesto que centró su atención en la metafísica y en la teología, que eran ideales predominantes; poco después se convirtió en una defensa a ultranza de la ideología burguesa al promulgar el autoritarismo.

El positivismo renunció a investigar el origen y el objetivo del universo y a conocer las causas internas de los fenómenos para dedicarse a descubrir sus leyes, es decir, las relaciones múltiples de sucesión y semejanza de los fenómenos.

Bertand

En su variante evolucionista, surge el **neopositivismo**. Su fundador fue el Inglés Bertrand Russell. Dicha tendencia surge cuando los éxitos matemáticos dieron vida a la idea de aplicarla a la investigación. Desde el punto de vista del neopositivismo, la ciencia consta de posiciones de dos tipos: lógico-matemática (analítico, tautológica) y empírica o fáctica.

La función social objetiva del neopositivismo consiste en sembrar el escepticismo y el nihilismo como concepción del mundo, en negar la posibilidad de una concepción del mundo.

El neopositivismo postula el principio de verificación, según el cual todas las proposiciones en el campo de la ciencia deben tener un contenido empírico; es decir, deben ser traducibles a vivencias sensoriales subjetivas.

El **empirismo** (experiencia) de Berkeley, Humes y otros, es la doctrina en la teoría del conocimiento, que considera que la experiencia sensorial es el único medio del conocimiento y afirma que todo el saber se fundamenta en la experiencia y mediante la misma; menoscabando la función que cumple el pensamiento abstracto racional en el proceso cognoscitivo. El empirismo concibe al individuo como un simple receptor pasivo de las impresiones sensoriales sin comprender la importancia de la actividad interna y externa del hombre en el proceso de conocimiento, ni el condicionamiento histórico-social a que está sometido.

El empirismo asume una forma idealista al negar la existencia de la realidad objetiva y reducirla al conjunto de sensaciones del sujeto. De igual modo, sostiene la tesis agnóstica de que el sujeto solamente conoce sus propias sensaciones y que por consiguiente nada puede decir sobre la realidad objetiva.

W. James

El **pragmatismo** es una corriente idealista subjetiva del norteamericano W. James. Esta corriente parte de las posiciones del idealismo subjetivo y del empirismo, postulando que la base primaria de la realidad es la "experiencia pura". El pragmatismo diluye la realidad en la experiencia subjetiva del individuo y caracteriza esta experiencia como un caos donde no existen leyes ni vínculos causales.

Sostiene la concepción de que los conceptos y representaciones del hombre son únicamente instrumentos para alcanzar sus fines y satisfacer sus demandas y necesidades individuales, restándole todo valor gnoseológico a las ideas y teorías científicas.

Esta doctrina parte de la idea de que no existe una verdad, sino que cada hombre la tiene. El criterio pragmático de la verdad reduce el valor de una teoría o proposición a la simple utilidad práctica que le reporta el sujeto o el sentimiento de satisfacción que le crea, todo ello encerrado en su experiencia individual. El pragmatismo proclama un criterio relativista e idealista sobre el conocimiento, al considerar que hay tantas verdades como puntos de vistas e intereses particulares tengan los hombres.

Los pragmatistas no comprenden que la utilidad de una teoría está determinada justamente por ser verdadera y proporcionar un reflejo fiel de la realidad objetiva y no a la inversa, como pretenden. Ellos hacen depender el valor de la verdad de la teoría, de la utilidad que pueda brindar a un hombre particular o un grupo determinado. La negación de la verdad objetiva por el pragmatismo anula el valor gnoseológico de las ciencias abriendo camino al escepticismo.

En su comprensión de la sociedad postulan la negación de la existencia de las leyes objetivas considerando que los fenómenos sociales son únicos e irrepetibles y que dependen de la suma de deseos e iniciativas de los individuos particulares. Esta posición los lleva a crear una posición idealista -voluntarista.

La **lógica general de las investigaciones que asumen este paradigma,** se resume de la siguiente forma:

a) Propuesta de hipótesis en forma de leyes universales: todo A es B.

b) Deducción a partir de la hipótesis de un pronóstico: si todo A es B, entonces C.

c) Comprobación de la deducción mediante experimento (contrastación y contactación): C o no C.

**Específicamente se caracterizan por:**

❖ Estas investigaciones son esencialmente comparativas y no corroborativas, pero generan conocimientos. Su objetivo es investigar la realidad objetiva; observable, medible -lo que no está dentro de su concepción no se puede estudiar.

❖ Utilizan la estadística, con lo que logran dar cientificidad.

❖ Se orienta a la comprobación de la hipótesis y no a su corroboración.

❖ La realidad es única, tangible, la cual puede ser fragmentada; por ser extremadamente objetiva no prestan atención a los estados subjetivos.

❖ En el estudio se parte del todo, va dirigido al descubrimiento.

❖ Centra sus objetivos en el producto.

❖ Prioriza la teoría del PERSE, a partir de la utilización excesiva de procedimientos estadísticos.

❖ Aunque se declara neutral está comprometida con el idealismo.

❖ El proceso de transformación se efectúa del sujeto al objeto en términos de acción y del objeto al sujeto en la obtención del conocimiento teórico.

❖ El trabajo investigativo se desarrolla fundamentalmente en laboratorios.

❖ Parte de un diseño pre-estructurado y esquematizado.

❖ En este tipo de investigación se determinan variables, se enuncian hipótesis, se emplea la observación externa, el experimento y métodos estadísticos.

❖ El sujeto está más alejado del objeto que en otros paradigmas.

❖ Consideran al experimento como método modelo de conocimiento científico.

❖ Ven en la matemática y en la estadística su corroboración más precisa y rigurosa.

❖ Pretenden explicar los fenómenos, para lo cual se basa en el principio de la verificación de la hipótesis.

❖ Se apoya en técnicas estadísticas, tanto para la selección de la muestra (preferentemente representativa) como para el procesamiento y análisis cualitativo de la información.

❖ Elabora descripciones generalizadoras de las características y regularidades observables de los fenómenos, sin profundizar en sus esencias, las que, de acuerdo con este paradigma, son incognoscibles.

❖ Lleva asociado el peligro del reduccionismo al no tenerse en cuenta las diferencias entre la realidad natural y social.

**Paradigma Cualitativo**

Sus fundamentos epistemológicos se encuentran dentro de la fenomenología, el intuicionismo y el existencialismo. Surge como respuesta al paradigma positivista.

La **fenomenología** es una corriente idealista subjetiva que se debe a los estudios de E. Hussert. El concepto central de la fenomenología es la "intencionalidad" de la conciencia (su orientación al objeto), afirma que "no hay objeto sin sujeto". Esta filosofia se opone al conocimiento de los hechos reales y constituye la base filosófica del existencialismo, los requisitos básicos de la referida doctrina son los que a continuación se exponen:

1) La reducción fenomenológica; como tendencia a abstenerse de formular juicios de cualquier clase que concierna a la realidad objetiva y que se rebasa los límites de la experiencia pura (subjetiva).

2) La reducción trascendental que ve al sujeto del conocimiento no de manera real y social sino como conciencia pura.

Sören Kierkegaard

El **existencialismo**, su base ideológica, se sustenta en la fenomenología, muestra sus antecedentes en los trabajos de S. Kierkegaard; aunque se considera como fundador a M. Heideggard. Ellos plantean que el objeto de la filosofia debe ser el "ser" y el de la ciencia el "ente". Por ente se infiere todo lo relativo al mundo empírico, del que se debe distinguir el ser mismo.

Tuvo su florecimiento después de la Primera Guerra Mundial, en Alemania, luego en Francia, y después de la Segunda Guerra Mundial en varios países y en Estados Unidos, como intento de crear una nueva concepción del mundo.

Esta filosofía declara que el procedimiento verdadero, para la adquisición de conocimientos acerca del mundo, es la intuición. La premisa fundamental del existencialismo es que el hombre no es una esencia, sino una existencia, la cual él debe definir y construir cada día como parte de su enfrentamiento a las circunstancias que lo rodean.

Esta filosofía proclama la libertad, para ellos significa que el hombre no sea producto de las condiciones socio-histórico culturales, sino que se forma con cada una de las acciones y procederes. Esto significa que todo el hombre libre asume la responsabilidad por todo lo que ha realizado y no se justifica con apelaciones a las "circunstancias". El sentido de culpa por todo lo que sucede alrededor es un sentimiento de hombre libre.

H. Bergson

El **intuicionismo** es una orientación en los fundamentos filosóficos de las matemáticas. Según el intuicionismo el pensamiento matemático exacto se asienta en la intuición racional, que incluye el proceso de estructuración mental de todos los objetos matemáticos.

Esta corriente tuvo una amplia divulgación en los inicios del siglo XX a través de la filosofía de H. Bergson, es la corriente que expresa que el hombre, a través de su intuición, puede comprender lo que la realidad objetiva es. De ahí, que vea la intuición como el instinto sin objetivos, consciente y capaz de reflexionar sobre sí mismo y acrecentarse indefinidamente. Sin embargo, el intuicionismo a diferencia del intuitivismo, no opone la intuición a la lógica. Solo considera que las matemáticas no pueden basarse en la lógica y desarrolla su comprensión de la lógica como parte de las matemáticas, enfocando los teoremas lógicos como teoremas matemáticos de generalidad máxima.

Como se puede apreciar, el referido paradigma tiene como fundamento epistemológico diferentes tendencias filosóficas, sin embargo, las mismas tienen los siguientes puntos en común:

❖ Son idealistas.
❖ Intentan explicar cómo el hombre percibe y construye su ser y su existencia en el mundo.
❖ Sitúan al hombre singular como centro de atención.
❖ Por su concepción, se infiere que las metodologías que de ellos se derivan no consideran la filosofía como base metodológica de las ciencias.

**Las investigaciones que adoptan este paradigma se caracterizan por:**

❖ La realidad es múltiple, ha sido construida por el sujeto particular, es holística e interaccionista.
❖ El investigador es "comprensivo" con lo observado y capaz de interpretar y descubrir las percepciones de la realidad desde el punto de vista de los sujetos; donde se puede articular una intrasubjetividad en relación con el fenómeno que estudia.
❖ Comprensión empática.
❖ Polariza intereses microcósmicos antes que los macrocósmicos.
❖ Enfatiza en las partes y en trabajos con pequeñas muestras intencionales.
❖ El estudio de una parte influye necesariamente en las demás.
❖ Va a la descripción y a la construcción del conocimiento científico.
❖ Centra sus objetivos en el proceso.
❖ Potencia la diversidad.
❖ Se lleva a cabo en contextos naturales.
❖ No utiliza una sola corriente.
❖ No es de importancia vital la determinación de la relación causa efecto, por la existencia de multicausalidad para los sujetos.
❖ Los métodos y técnicas fundamentales son: la observación participante, la cual registra indiscriminadamente todo, incluyendo el contexto: la entrevista a profundidad, con una estructura abierta para que el sujeto exprese todo lo que quiera desde su perspectiva; el cuestionario, con las mismas características para evitar sesgos; historia de vida, estudio de casos, registro de experiencias, anotaciones de campo, diario del investigador, triangulación, análisis del producto de la actividad, entre otros.
❖ Desde la ciencia utiliza el método inductivo, generando rápidamente conjeturas científicas.
❖ Su diseño es abierto, emergente (nunca completo), o no existe.
❖ Toda verdad es relativa.
❖ Se centra en el significado que la gente da a sus acciones.
❖ Es interdisciplinaria, se deriva de la Sociología, la Antropología, la Pedagogía, la Filosofía y otras.
❖ Pone énfasis en los contextos y prácticas culturales.
❖ Aborda el objeto de estudio en sus relaciones contextuales, desde una óptica

integral.

**El paradigma cualitativo se puede sub-dividir en dos tendencias:**
    1  **Interpretativo** (conocido también como humanista, naturalista etnográfico).
    2  **Socio crítico** (que incluye la investigación participativa como forma especial de la investigación-acción).

**Tendencia Interpretativa, características más generales:**
Surge como repuesta al positivismo, sitúa al sujeto más cerca del objeto que en el positivismo. Su concepción es hermenéutica y semiótica.

La **hermenéutica** (del griego *Hermeneuo*: explico): arte y teoría de la interpretación que tiene por fin aclarar el sentido del texto partiendo de sus bases objetivas (significaciones gramaticales de los vocablos y sus variaciones históricamente condicionadas) y subjetivas (propósitos de los autores). Surge en la época helenística, en virtud de que se plantean las tareas de la investigación científica y la edición de los textos clásicos (por ej., de Homero), y se desarrolla en el marco de la interpretación de las "Sagradas Escrituras" (exégesis). En el siglo XIX empieza el desarrollo de la denominado: Hermenéutica "libre", no limitada por el objeto ni por el sentido del texto. Dilthey convierte la hermenéutica en método específico de las ciencias sociales, llamado a asegurar la "comprensión" de los acontecimientos sociales partiendo de los propósitos subjetivos de los personajes históricos. La "comprensión" se opone a la "explicación" en las ciencias naturales, la que está ligada al proceso de abstracción y establecimiento de lo general, de la ley.

En el siglo XX, la hermenéutica se transforma gradualmente en uno de los principales procedimientos metodológicos de la filosofía, al comienzo, del existencialismo (Heidegger) y más tarde, de la propia hermenéutica filosófica. Como resultado, la filosofía se enclaustra en el marco de la lengua, lo cual aproxima la hermenéutica al "análisis del lenguaje" que hacen los neopositivistas. En la escuela de Francfort (J. Habermas y otros), la hermenéutica, como "crítica de la ideología", debe descubrir, sobre la base del análisis de la lengua, un "medio de dominación y de poder social", que sirva a la "justificación de las relaciones de violencia organizada". En Habermas, la hermenéutica constituye uno de los medios de consolidación de las diversas corrientes de la filosofía burguesa moderna. Los procedimientos hermenéuticos pueden ser utilizados en las ciencias históricas, jurídicas y otras, que tratan con el análisis de los resultados obtenidos de la actividad consciente del hombre.

La **semiótica** (del griego *semeion*: signo): disciplina que se ocupa del estudios comparativo de los sistemas de signo (Signo): a partir de los sistemas más simples de señales hasta los idiomas naturales y los lenguajes formalizados de la ciencia. Las funciones principales del sistema de signos son: 1) la trasmisión de comunicación o de expresión del sentido (Significación y sentido); 2) la comunicación, es decir, el aseguramiento de la comprensión por el oyente (lector) de la noticia transmitida, así como la estimulación para la acción, influencia emocional, etc.

El ejercicio de cualquiera de estas funciones presupone una determinada organización del sistema de signos, es decir, la existencia de diversos signos y leyes de su combinación. En conformidad con ello se discriminan las tres secciones fundamentales de la semiótica: 1) sintaxis o estudio de la estructura interna de los sistemas de signos independientemente de las funciones que desempeñan; 2) semántica, que estudia los sistemas de signos como medio de expresión del sentido; 3) pragmática, que estudia la relación de los sistemas de signos con los que los utilizan. En el desarrollo de los métodos de la semiótica desempeña el papel primordial la investigación de los sistemas de signos, que poseen, por una parte, medios suficientemente ricos de expresión del sentido y, por la otra, una estructura suficientemente precisa. Hasta el presente, tales sistemas son, ante todo, los lenguajes formalizados de las matemáticas, en primer lugar, de la lógica matemática. La metodológica es la disciplina semiótica más desarrollada. Las indagaciones semióticas contribuyen a la formalización de los nuevos campos de la ciencia (confrontándose los cálculos en la esfera de la lingüística matemática, los experimentos de la formalización de algunos conceptos de la pragmática, del concepto de metro en poesía y otros estudios que se desarrollan en los últimos tiempos). Los conceptos y métodos de la semiótica adquieren gran importancia en virtud del desarrollo de la teoría y la práctica de la conservación racional y tratamiento autónomo de la información; en esta esfera, la semiótica se encuentra en estrecha relación con la cibernética.

**Características generales de la investigación cualitativa:**

❖ El investigador interpretativo puede denominarse subjetivista porque subraya que los entendimientos subjetivos de los agentes son la base para transformar la realidad social.

❖ Este tipo de tendencia se centra en la descripción y comprensión de lo individual, lo único, lo particular, lo singular de los fenómenos más que lo generalizable.

❖ Esta tendencia dirige su atención a aquellos aspectos no observables, ni susceptibles de cuantificación (creencias, intenciones, motivaciones, interpretaciones, significados).

❖ Las investigaciones de la llamada investigación participativa (investigadores activos) no aceptan el enfoque participativo de las prácticas, los entendimientos y las situaciones educativas, ni tampoco la de los positivistas, pues reducen estos elementos a la descripción física externa de la conducta y de las condiciones que la determinan y quedan a un nivel fenomenológico y no esencialista, es decir, queda a nivel de las manifestaciones externas de los objetos.

❖ La tendencia interpretativa olvida las condiciones externas que distorsionan y constriñen la comprensión de los agentes.

❖ Pretende sustituir las acciones científicas de explicación, predicción y control (del paradigma positivista) por las nociones de comprensión y significado.

❖ El acuerdo intersubjetivo es el criterio de objetividad en este paradigma.

❖ La relación investigador-investigado es democrática y comunicativa (horizontal sujeto-sujeto).

❖ Utiliza procedimientos predominantemente cualitativos para el análisis de la información.

❖ Lleva asociado el peligro del conservadurismo, al no tenerse en cuenta la necesidad de transformar la realidad como razón de ser de la ciencia.


**Tendencia Socio crítica, características más generales:**

En la actualidad existe un consenso en torno a la utilización del término investigación acción participativa; ya que la investigación acción contempla un aspecto muy amplio de concepciones. Además, lleva la huella del integracionismo.

Este enfoque engloba un conjunto de modelos investigativos que surgen como respuesta a las tradiciones positivista e interpretativa y se resume como sigue:

❖ Pretende superar el reduccionismo de la primera y el conservadurismo de la segunda.

❖ La relación investigador-investigado es democrática y comunicativa (horizontal, sujeto-sujeto).

❖ El investigador desempeña el papel de facilitador, que estimula la participación de los sujetos (tanto en la identificación de los problemas como en su solución).

❖ Introduce la ideología de forma explícita.

❖ Se considera que el sujeto de la actividad científica debe estar inmerso en el grupo como uno más, todos tienen una participación activa en el proceso investigativo. Se considera que la posición del investigador es a la vez objetiva y subjetiva.

❖ Los investigadores críticos, incluyendo los de la tendencia activa (investigaciones participativas) reconocen que las situaciones sociales comprenden aspectos en los que ningún individuo particular puede influir en un momento dado y que para cambiar la manera de actuar de las personas es necesario cambiar la forma en que dichos factores limitan la acción; también admiten que el entendimiento subjetivo es un factor limitativo de la acción y que es posible cambiar el entendimiento.

❖ La investigación participativa es una investigación convencional (tradicional), cuyo rasgo más notorio es implicar la participación de una comunidad, la que se involucra en un proceso investigativo (educacional, etc.) o de acción para el desarrollo. Este tipo de investigación sigue la siguiente lógica:

a) El problema es planteado por la comunidad.

b) La misma comunidad participa en su estudio y solución sin discriminación de personas o grupos que la integran.

c) Su objetivo es la transformación de la realidad social comunitaria.

d) Potencia el empleo de los miembros de la comunidad en el proceso investigativo.

e) El investigador es quien la lleva a cabo.

f) Los resultados se devuelven a la comunidad para su estudio, valoración y empleo (es cuando comenzaría la verdadera participación).

❖ La investigación acción busca sobre la marcha la solución del problema, sin analizar el objeto, ni teorizar sobre este. Aquí lo esencial es el cambio de la situación educativa a través de la acción de los propios actores a partir del proceso de reflexión en el cual participan los investigadores e investigados –esto es validación, no investigación. Este tipo de investigación según Thiollent (1948: 54) es de "tipo social". En ella las interpretaciones de la realidad observada y las acciones transformadoras son objeto de liberación. Su estructura metodológica da lugar a una diversidad de propuestas de investigación social.

Este proceso se desarrolla sobre la base de una espiral continua de reflexión y acción; y se concreta en cuatro etapas:

1. Diagnóstico de la situación práctica o de la problemática a resolver.
2. Formulación del objetivo estratégico de acción para resolver la problemática.
3. Implementación y evaluación de la estrategia de acción.
4. Aclaración de la situación resultante a través de nuevas definiciones de problemas o de áreas a mejorar, lo que da inicio a la siguiente espiral de reflexión y acción.

Tiene similitudes con la tendencia interpretativa, puesto que: su enfoque en ideográfico, sus métodos modelos son: los diarios, las entrevistas y la observación participante, y utiliza con preferencia procedimientos de análisis cualitativo.

Los citados paradigmas han dado lugar a una serie de tendencias y enfoques que se reflejan en los diferentes tipos de investigación científica:

| Paradigma | Tendencia | Enfoque |
|---|---|---|
| Cuantitativo | Positivista | Predictivista |
| | | Experimental |
| | Pragmático | Empírico-analítico |
| | | Naturalista |
| | Experimental | Fenomenológico |
| | | Retrospectivo |
| Cualitativo | Interpretativo | Hermenéutico |
| | | Semiótico |
| | | Analítico |
| | | Racional |
| | Socio crítico | Participativo |
| | | Interaccionista |
| | | Transformacional |

## 1.6. Acerca de los Aportes Teóricos y Prácticos

En el campo de la educación, la investigación científica tiene la finalidad de abordar problemas específicos con el propósito de ofrecer aportes teórico – metodológicos dirigidos al perfeccionamiento de la práctica educativa y generar conocimientos que enriquezcan la ciencia pedagógica. Este enriquecimiento puede ser taxomizado en **teórico** o **práctico**.

El **valor o aporte teórico** es aquel que permite enriquecer, modificar o perfeccionar la teoría científica, aporta conocimientos sobre el objeto y sobre los métodos de investigación de la ciencia, que pueden ser taxomizados a su vez en sistemas de conocimientos y metodológicos.

En el sistema de conocimientos se distinguen las definiciones, leyes, principios, reglas, normas, concepciones y los representativos del objeto de estudio que comprenden enfoques, modelos y sistemas.

Dentro de los teórico–metodológicos se clasifican los métodos, metodologías, técnicas y procedimientos.

En el **aporte o significación práctica** se incluyen aquellos de carácter instrumental para transformar el funcionamiento del objeto en la realidad, haciéndolo más productivo, más factible, con mayor validez interna, más viable. Entre ellos se pueden distinguir los que a continuación se citan: programas, estrategias, tecnologías, metodologías de trabajo, medios de enseñanza, entre otros.

Como se aprecia, la metodología puede ser un aporte teórico o práctico. Se considera valor teórico cuando va dirigida al incremento del saber científico sobre la esencia del objeto, y se considera significación práctica cuando incide en la transformación del mismo. La diferencia fundamental entre ambos no radica en los elementos que la construyen (métodos, procedimientos, técnicas, medios), sino en la función que desempeña con relación al objeto.

Estos variantes en la que se pueden reflejar diversos resultados no son puramente teóricos, prácticos o de ambos tipos, no depende únicamente de la voluntad del investigador, sino del estado precedente de los conocimientos referidos al objeto.

En resumen, aunque existen diferencias sustanciales entre los aportes teóricos y prácticos, no puede existir un divorcio entre ellos. Los aportes prácticos constituyen herramientas de instrumentación y criterios de corroboración del aporte teórico, respecto a su factibilidad, funcionamiento, validez interna, efectividad, etc.

## 1.7. Las contradicciones en las investigaciones pedagógicas: un análisis desde la concepción dialéctico-materialista del mundo

La Dialéctica Materialista es un método universal de conocimiento de la realidad objetiva, y su núcleo lo constituye las contradicciones dialécticas. El referido método constituye la base metodológica general de las investigaciones en Cuba. Es significativo acotar que la misma no sustituye el papel que le corresponde a los métodos particulares de investigación. El método dialéctico es la concepción de las proposiciones de la Dialéctica a los procesos de conocimiento del mundo y a la práctica transformadora de la realidad. Es un medio de utilizar conscientemente las leyes y las categorías de la Dialéctica Materialista que permiten al investigador considerar el objeto, fenómeno o proceso desde un punto de vista holístico.

De ahí, que el método dialéctico proporciona la orientación global, las indicaciones metodológicas generales para la investigación científica. Este método exige a los investigadores la identificación de las contradicciones que originan el problema científico. Sin embargo, en la práctica científica, especialmente en las investigaciones en el campo de las Ciencias Pedagógicas se ha podido constatar que los investigadores presentan insuficiencias en la identificación de estas. Por tanto, en el presente artículo se aludirán desde las perspectivas externas e internas; que constituyen las bases para la identificación del problema de investigación y su taxonomía.

Según V. I. Lenin O. C. T (38: 357) **"La Dialéctica es la teoría de cómo los *contrarios* pueden y suelen ser (o devienen) idénticos; en qué condiciones son idénticos, al convertirse los unos en los otros, (…)"**

Estas ideas fundamentan epistemológicamente la Metodología de la Investigación Científica Marxista, a la vez que muestra las categorías filosóficas que permiten modelar el estudio de los objetos y fenómenos de la realidad objetiva. Estas categorías son: *contrarios, unidad de los contrarios y "lucha" de los contrarios.*

A todos los objetos le son inherentes fuerzas contrapuestas internas, que se denominan contrarios que a la vez que se presuponen se excluyen mutuamente, están en lucha constante y precisamente en esta lucha está la contradicción que es la fuente de la fuerza y desarrollo.

Las contradicciones expresan ante todo una relación entre los *contrarios*, es decir, entre las propiedades, aspectos, lados, tendencias, que conforman la naturaleza de los objetos y fenómenos de la naturaleza, la sociedad y el pensamiento, y que se hallan recíprocamente vinculados, en *unidad*. La contradicción es el nexo que se establece entre los contrarios, es la fuente de todo desarrollo.

Los contrarios son las tendencias opuestas que se encuentran en el seno de los objetos y que se excluyen mutuamente y a la vez se presuponen.

La *unidad de los contrarios* tiene un carácter relativo y ello depende precisamente de la existencia de la diferencia que caracteriza la naturaleza de todos los objetos y fenómenos

19

del mundo, pero sin obviar que a pesar de tener este rasgo, no es posible la existencia de los objetos y fenómenos sin que estos se encuentren en unidad. Al respecto V. I. Lenin (O. C. T 38: 352) expresó que: "La unidad (coincidencia, identidad, igualdad de acción) de los contrarios es convencional, temporal, transitoria, relativa. La lucha de los contrarios que se excluyen mutuamente es absoluta, como es el desarrollo, el movimiento".

La *lucha de los contrarios* se refiere a la lucha entre lo nuevo y lo viejo, que condiciona los cambios cualitativos. La lucha de contrarios es el momento de la contradicción. La misma tiene carácter absoluto, eterno, porque para que haya cambio tiene que haber lucha. Es por esa razón, la unidad tiene carácter temporal y transitorio porque está en presencia de un proceso con grados, con etapas, con estadios, un proceso de crecimiento que mientras no haya llegado a su término, mientras no haya alcanzado cierto grado, las contradicciones no pueden ser superadas.

Si se parte del criterio que el problema científico constituye la categoría principal en el proceso de investigación, por cuanto determina al resto de las categorías o componentes. Si el problema científico, es según E. Santiesteban (2009: 217), **"(…) se entiende como el conocimiento de la manifestación de un objeto que crea una necesidad en el sujeto, producto a las antinomias que en este se generan, dichas contradicciones no se pueden resolver automáticamente, sino que requiere de un proceso investigativo para satisfacer el desconocimiento /el sesgo epistemológico de la ciencia."**

Entonces se puede inferir que el problema se presenta como una contradicción formada por dos elementos internamente relacionados. Se pueden distinguir dos tipos de contradicciones: externas e internas, que en realidad son dos momentos de un mismo proceso.

Por tanto, la primera tarea que debe acometer todo investigador es el "descubrimiento" de la (las) contradicción *(s)* existente (s) de la realidad teórica que se estudia, o sea, la identificación de los lados opuestos, regularidades o tendencias, que actúan como *contrarios* dialécticos en el proceso tomado de esa realidad educativa para profundizar en su estudio.

La identificación de estos elementos por parte del investigador no depende de su voluntad, por cuanto los *contrarios* tienen su existencia *objetiva* fuera e independientemente de la conciencia y la voluntad del que investiga, y su reconocimiento está condicionado por el grado de profundidad del conocimiento que sobre esa parte de la realidad objetiva ha logrado adquirir el investigador.

La comprensión de la influencia que ejercen las contradicciones internas y externas en el proceso de investigación, exige una reflexión acuciosa. Lo externo tiene su fundamento en la objetiva diferenciación de la realidad. No obstante, es significativo acotar que el objeto diferenciado no es una cualidad homogénea con respecto a sí mismo, con lo cual poseería una estructura cuantitativa. Por el contrario, cualquier objeto de investigación posee una estructura cualitativa en la que cada uno de sus elementos puede considerarse inagotables e infinitos.

Por otra parte, el proceso de investigación infinito no puede ser considerado como una totalidad dada de súbito, en una heterogeneidad estática e inconmovible, para lo cual las constantes transformaciones que experimentan tienen una causa y una fuente interna, y consecuentemente, constituyen autotransformaciones. En este sentido lo interno tiene un carácter absoluto.

En esta correlación entre lo interno y lo externo del proceso de investigación, ya sea esta proporción finita de la realidad, o la propia realidad infinita, se pone de manifiesto la heterogeneidad cuantitativa y cualitativa de su estructura, al extremo de que nada debe ser considerado – en su sentido absoluto – idéntico a sí mismo en cada instante. De ahí, que mediante la abstracción, cada objeto de investigación puede ser generalizado como una unidad de la diversidad.

Todo objeto de investigación es una unidad en la que la identidad y las diferencias con respecto a sí mismo, se manifiestan como una unidad de factores contrapuestos que se encuentran, que se presuponen y se excluyen. Este enfrentamiento asume sus formas más profundas cuando la relación entre la identidad y las diferencias se expresan como CONTRADICCIÓN, cuya solución determina finalmente la transformación cualitativa del objeto. Dado que este proceso es inherente a todo lo que existe en la realidad objetiva.

La identidad designa el momento del reposo, lo estable, lo constante de los objetos y fenómenos. La misma se mantiene a pesar de los distintos cambios que se operan en el objeto, y garantiza la existencia del mismo. Por otro lado, la diferencia expresa el momento de la variabilidad, el cambio, la transitoriedad. El hecho de que el objeto sea idéntico y diferente al mismo tiempo, quiere decir que son contrarios.

F. Engel escribía (1963: 462) "(...) si una cosa contiene en sí la antítesis, está en contradicción consigo misma y también lo está su expresión en el pensamiento. Por ejemplo, es una contradicción que una cosa al mismo tiempo sea la misma y, sin embargo, cambie, que en ella se dé la antítesis entre la "inercia" y el "cambio"."

F. Engel al referirse al movimiento refería (1963: 146-147) "(...) es por sí una contradicción; el simple desplazamiento mecánico de un lugar sólo puede realizarse gracias al hecho de que un cuerpo esté al mismo tiempo, en el mismo instante, en un lugar y en otro, gracias al hecho de estar y no estar al mismo tiempo en el mismo sitio. Y el surgimiento continuo y la simultánea solución de esta contradicción es precisamente lo que constituye el movimiento."

A partir de lo anteriormente expresado se infiere que cuando se comienza a considerar las cosas en su movimiento, en su cambio, en su vida, en su acción recíproca las unas sobre las otras, se colisiona con las contradicciones, porque estas forman la esencia, la fuente, el fundamento interno de todo movimiento. Es notorio señalar que el movimiento mecánico no presenta la contradicción dialéctica señalada por Engels.

Según B. M. Kedrov (1985: 28) "(...) la única posibilidad de expresar el movimiento en sí mismo consiste en demostrarlo como una contradicción donde un aspecto de esta contradicción ("estar") niega otro aspecto ("no estar") y, a su vez, es negada por él. "Está" y "no está", significa que el cuerpo, al entrar en un punto dado, al propio tiempo ya está saliendo, que tiene una tendencia a salir en el momento mismo de entrar, lo que es precisamente el movimiento

Si cada objeto de investigación puede ser considerado como un sistema, en el que tienen múltiples interrelaciones, todas las cuales tienen su causa en la naturaleza contradictoria de la estructura de los elementos que coexisten y se contraponen en la unidad, entonces se puede inferir que todo objeto es, a su vez, un sistema de contradicciones. Por tanto, el referido sistema puede ser objeto de una clasificación que responda a las leyes que rigen su existencia espacio-temporal en constante movimiento y cambio.

Por tanto, no todas las contradicciones pueden tener igual significación con respecto a la esencia que determina cualitativamente al objeto. En este sentido, las contradicciones se pueden clasificar en internas y externas.

Antes de aludir cada una de ellas, es significativo señalar que no se debe reducir la contradicción a su expresión lógico-formal; por cuanto se ignora la causa y la fuente del conocimiento humano. Además, se frustra la esencia del pensar como proceso dialéctico, dado que las contradicciones lógico-formales los contrarios se incluyen, pero, no se presuponen, y por tanto no constituyen una unidad.

**La contradicción externa** es la que genera el problema, el estado de discrepancia entre la realidad y las aspiraciones. Ellas solo promueven aspectos aislados o parciales, pero no del objeto como una totalidad integral; en el mismo sentido, aquellos que pueden superarse sin que ello determine la transformación cualitativa de los objetos a los que son inherentes. En la figura 1 se revela la referida contradicción en los procesos de investigación:

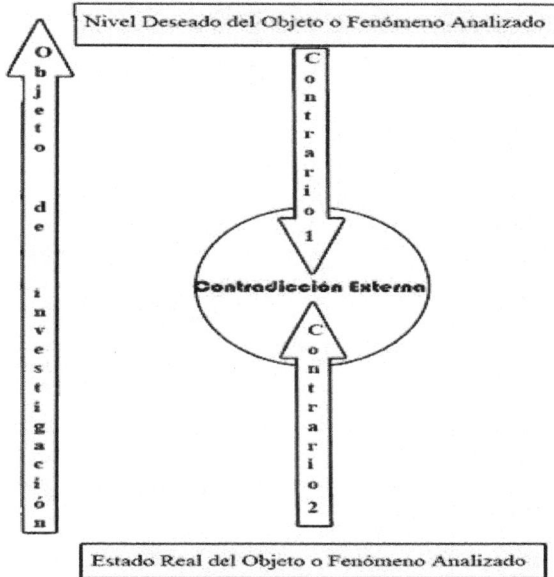

Figura 1. Contradicción Externa

Ejemplo: **Entre las aspiraciones sociales propuestas en el Modelo del Profesional de Ingeniería Industrial y las insuficiencias que aún presentan los estudiantes de primer año de la referida carrera en cuanto al desarrollo de las habilidades que intervienen en la acción de leer en Inglés como lengua extranjera.**

**La contradicción interna,** es la fundamental, es la que es necesaria solucionar para resolver el problema, se revela en las limitaciones de las teorías existentes, en el que se precisa el sesgo epistemológico y la base metodológica que asume el investigador; lo que genera la aparición de una nueva teoría. Por consiguiente, las contradicciones internas son aquellas que califican y determinan el desarrollo del objeto de investigación y condicionan las externas.

En la figura 2 se revela la referida contradicción en los procesos de investigación:

22

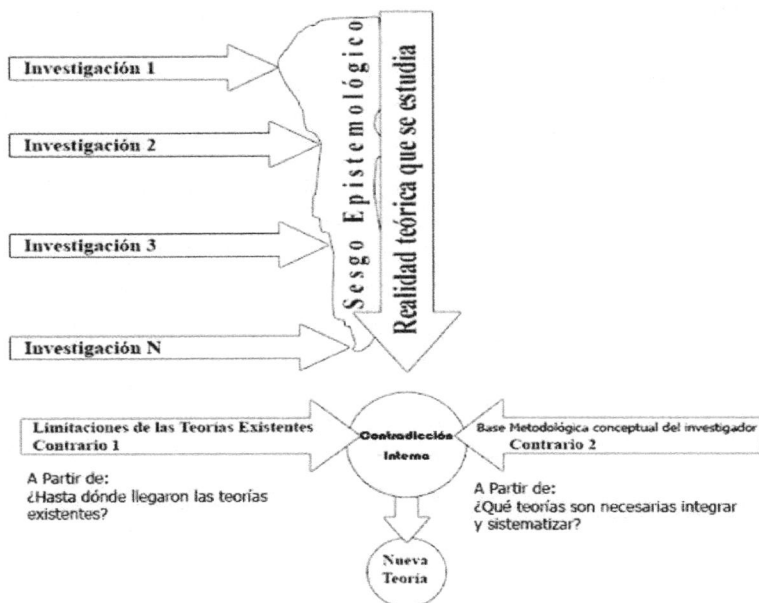

Figura 2. Contradicción Interna

Ejemplo: **Entre los niveles de comprensión propuestos por diversos autores y la estructura interna de las habilidades.**

En la taxomización de las contradicciones internas y externas, de un objeto de investigación, no basta con el conocimiento de sus definiciones abstractas, es necesario penetrar en su sistema de relaciones o interrelaciones y conocer el papel y la función de cada una de ellas, para determinar en qué medida influyen en la existencia y desarrollo del referido objeto. Hay que tener en cuenta, además, que las contradicciones internas no se revelan con la misma evidencia e intensidad en las diferentes etapas de existencia de los fenómenos y procesos.

En este proceso de conocimiento tienen un papel protagónico el *método lógico*, cuya adecuada aplicación conduce al investigador hasta la *contradicción interna*. Por cuanto, la función principal en el conjunto de los métodos teóricos consiste en revelar la lógica del desarrollo del objeto, fenómeno, o proceso que se investiga. F. Engels (1953: 528) **"(...) el método histórico, (...) comienza esta historia debe comenzar también el proceso discursivo, y el desarrollo ulterior de éste no será más que la imagen refleja, en forma abstracta y teóricamente consecuente, de la trayectoria histórica; una imagen refleja corregida con arreglo a las leyes que brinda la propia trayectoria histórica; y así, cada factor puede estudiarse en el punto de desarrollo de su plena madurez, en su forma clásica."**

23

Más adelante al referirse al método dialéctico materialista, expresó: **"Con este método, partimos siempre de la relación primera y más simple que existe históricamente, de hecho; (...). Luego, procedemos a analizarla. Ya en el sólo hecho de tratarse de una relación, va implícito que se estudia separadamente, de donde luego se desprende su relación recíproca y su interacción. Nos encontramos con contradicciones, que reclaman una solución. Pero, como aquí no seguimos un proceso discursivo abstracto, que se desarrolla exclusivamente en nuestras cabezas, sino una sucesión real de hechos, (...), estas contradicciones se habrán planteado también en la práctica y en ella habrían encontrado también, probablemente, su solución. Y si estudiamos el carácter de esta solución, veremos que se logra creando una nueva relación, cuyos dos lados contrapuestos tendremos que desarrollar ahora, y así sucesivamente."** Es significativo acotar que la relación a la que se refiere Engels debe ser el fruto de la reproducción del *proceso histórico*, gracias al cual es posible determinar las diferentes fases del desarrollo del proceso que se estudia y conocer su *lógica interna*. P.V. Kopnin (1983: 31) **"El investigador debe atenerse a la dialéctica no porque lo prescribe alguien que está por encima de él, sino porque lo exige el propio objeto de la investigación, que da a conocer su naturaleza tan sólo a la persona que basa su estudio, su método de investigación en el conocimiento de las leyes objetivas."**

### 1.8. Etapas de la investigación científica

El desarrollo exitoso de la investigación se garantiza en gran medida con el conocimiento por parte del investigador, de la estructura interna o etapas mediante las cuales transcurre el proceso investigativo.

Aunque se proponen cinco etapas fundamentales a seguir en una investigación, es importante acotar que existen diferentes opiniones en cuanto al número de etapas que caracterizan el proceso investigativo.

**Primera etapa: genésica**

La investigación científica comienza con la identificación de problemas. El surgimiento de problemas científicos puede tener diversas fuentes:

- ❖ la observación,
- ❖ la interacción con expertos o especialistas,
- ❖ el análisis crítico de la literatura científica,
- ❖ el examen del cuerpo de recomendaciones de tesis defendidas,
- ❖ en datos empíricos cuya explicación no esté contenida en las teorías científicas,
- ❖ en la contradicción entre diferentes teorías científicas.

Por tanto, el primer contacto con el problema puede ver por vía empírica o teórica. El desarrollo exitoso de la actividad práctica promueve constantemente la necesidad de nuevos conocimientos y los pedidos sociales en el interior de la ciencia en forma de problemas científicos.

La **etapa genésica** es donde el investigador tiene el primer contacto con el problema, aún no sabe si es científico o no, a través de cualquier fuente, donde se da cuenta de la existencia de determinadas antinomias, fundamentalmente de tipo externa, dada entre lo ideal y lo real. En este plano se aplican diversos instrumentos para verificar la objetividad y la existencia del problema, una vez aplicados dichos instrumentos y corroborado su objetividad, la existencia de un sesgo, de determinadas antinomias y entropías; se está en condiciones para pasar a un segundo plano.

**Segunda etapa: referativa**
En esta etapa el investigador va a buscar en la literatura científica la respuesta al problema. Si encuentra la respuesta a esas antinomias en la fuente, las aplica haciendo las adecuaciones necesarias. De ser así, lo que se había identificado era problema metodológico, de vacío de conocimiento, etc., pero no científico. Tal vez, dicho problema se resolvía con determinada metodología, con una innovación, o simplemente contextualizando la respuesta que han dado otros autores. Esto demuestra que no se encontraba en presencia de un problema de la ciencia y sí en uno de vacío de conocimiento dado por el propio desconocimiento del investigador. Por el contrario, si en la literatura científica no existe tal respuesta, entonces es que nos encontramos frente a un problema de la ciencia. De ahí que sea necesario entonces, pasar a un tercer plano.

**Tercera etapa: limitativa**
En esta etapa el investigador debe precisar las limitaciones de las teorías existentes, determinar hasta dónde han llegado los investigadores que le han antecedido en el tema, precisar cuál es el sesgo que aún no se ha llenado desde la teoría y determinar la antinomia interna que conduciría a un aporte teórico; todo lo anterior demuestra la presencia de un problema científico, porque es la ciencia la que tiene el desconocimiento. Esta dinámica se da fundamentalmente en el caso de las tesis doctorales. Luego de la precisión de un problema verdaderamente científico, es necesario pasar a una cuarta etapa.

**Cuarta etapa: creativa**
En esta etapa el investigador va a hipotetizar, a dar respuesta al problema científico, donde va a tener en cuenta las antinomias o antinomia interna a partir de la (s) cual (es) va a generar el aporte tecnocientífico y con ello resolver el problema, esto ocurre a partir de la precisión del sesgo que tiene la ciencia, del vacío que han dejado los investigadores que lo han antecedido.
La creación científica es un proceso extremadamente complejo, influido por una serie de factores. Debe recordarse que el sujeto que la lleva a cabo actúa en un tiempo y sociedad concreta que incluye cierto ambiente científico y cultural. Las circunstancias históricas, económicas, políticas, culturales, condicionan, en gran medida, la producción y difusión del conocimiento científico y tecnocientífico.

**Quinta etapa: aplicativa**
En esta etapa el investigador va a aplicar la variable independiente y controlar rigurosamente los resultados, de modo tal que el resultado que alcance con la aplicación de la referida variable sea el que ella genera y no el efecto de otras que no hayan sido controladas.

**Sexta etapa: redacción del informe**
En esta etapa el investigador va a redactar el informe final, para ello debe ajustarse a las características de la tipología de la obra científica que dirige. Para mayor información consultar el capítulo del presente libro que trata acerca de la redacción científica.

**Séptima etapa: introducción de los resultados en la práctica social**
El investigador no debe conformarse con la redacción y defensa de su obra científica, sino que debe ir más allá y lograr introducir sus resultados en la práctica social.

## 1.9. Tipos de investigación

En la literatura científica se reconocen diversos tipos de investigación, así por ejemplo para G.L. Dankhe (1989) reconoce los estudios: exploratorios, descriptivos, correlacionales y explicativos. A continuación aludiremos la ya citada taxonomía.

Los estudios exploratorios sirven para preparar el terreno y ordinariamente anteceden a los otros tres tipos. Los estudios descriptivos por lo general fundamentan investigaciones correlacionales, las cuales a su vez proporcionan información para llevar a cabo estudios explicativos que generan un sentido de entendimiento y son altamente estructurados. Las investigaciones que se están realizando en un campo de conocimiento específico pueden incluir los tipos de estudio en las distintas etapas de su desarrollo. Una investigación puede iniciarse como explicatoria, después ser descriptiva y correlacional, y terminar como explicativa.

### 1.9.1. Los estudios exploratorios

Los **estudios exploratorios** se efectúan, normalmente, cuando el objetivo es examinar un tema o problema de investigación poco estudiado o que no ha sido abordado antes. Es decir, cuando la revisión de la literatura reveló que únicamente hay guías no investigadas e ideas vagamente relacionadas con el problema de estudio.

Estos estudios son significativos para ver cómo se ha abordado la situación de investigación. Además, constituye el momento adecuado para precisar las preguntas que científicas que conducirán estudios ulteriores.

Los estudios exploratorios sirven para familiarizarnos con fenómenos relativamente desconocidos, obtener información sobre la posibilidad de llevar a cabo una investigación más completa sobre un contexto particular de la vida real, investigar problemas del comportamiento humano que se consideren cruciales, identificar conceptos o variables promisorias, establecer prioridades para investigaciones posteriores o sugerir afirmaciones (postulados) verificables.

Esta clase de estudios son comunes en la investigación del comportamiento, sobre todo en situaciones donde hay poca información. Tal fue el caso de las primeras investigaciones de Sigmund Freud surgidas de la idea de que los problemas de histeria estaban relacionados con las dificultades sexuales, los estudios pioneros del sida, los experimentos iniciales de Iván Pavlov sobre los reflejos condicionados e inhibiciones, el análisis de contenido de los primeros videos musicales, las investigaciones de Elton Mayo en la planta Hawthorne de la Compañía Western Electric, etcétera. Todos realizados en distintas épocas y áreas, pero con un común denominador: explorar algo poco investigado o desconocido.

Los estudios exploratorios en pocas ocasiones constituyen un fin en sí mismos, "por lo general determinan tendencias y regularidades, identifican relaciones potenciales entre variables y establecen el tipo de investigaciones posteriores más rigurosas" G.L. Dankhe (1989: 412). Se caracterizan por ser más flexibles en su metodología en comparación con los estudios descriptivos o explicativos, y son más amplios y dispersos que estos dos tipos. Asimismo, implican un mayor "riesgo" y requieren paciencia, serenidad y receptividad por parte del investigador.

### 1.9.2. Los estudios descriptivos

Por otro lado, es frecuente que el propósito del investigador sea describir situaciones y eventos. Esto es, decir cómo es y cómo se manifiesta determinado fenómeno. Los **estudios descriptivos** buscan especificar las propiedades importantes de personas, grupos, comunidades o cualquier otro fenómeno que sea sometido a análisis. Miden o evalúan diversos aspectos, dimensiones o componentes del fenómeno a investigar. Desde el punto de vista científico, describir es medir. Esto es, en un estudio descriptivo se selecciona una serie de cuestiones y se mide cada una de ellas independientemente, para así (válgase la redundancia) describir lo que se investiga.

Los estudios descriptivos miden de manera más bien independiente los conceptos o variables a los que se refieren. Aunque, desde luego, pueden integrar las mediciones de cada una de dichas variables para decir cómo es y cómo se manifiesta el fenómeno de interés, su objetivo no es indicar cómo se relacionan las variables medidas.

Así como los estudios exploratorios se interesan fundamentalmente en descubrir, los descriptivos se centran en medir con la mayor precisión posible. Como menciona C. Sellitz (et-al) (1976), en esta clase de estudio el investigador debe capaz de definir qué se va a medir y cómo lograr precisión en esa medición. Asimismo, debe ser capaz se especificar quiénes de beben estar incluidos en la medición.

La investigación descriptiva, en comparación con la naturaleza poco estructurada de los estudios exploratorios, requiere considerable conocimiento del área que se investiga para formular las preguntas específicas que busca responder G.L. Dankhe (1989). La descripción puede ser más o menos profunda, en cualquier caso se basa en la medición de uno o más atributos del fenómeno descrito.

El objetivo principal en las investigaciones descriptivas es la descripción del estado del objeto que se estudia. En las investigaciones de Ciencias Sociales es frecuente encontrar los términos: ex-post facto de causa-efecto y ex-post facto de efecto- causa para referirse a este tipo de investigación (para mayor información consultar acápite 4.6.1. que trata los tipos de experimentos).

### 1.9.3. Los estudios correlacionales

Los **estudios correlacionales** tienen como propósito medir el grado de relación que exista entre dos o más conceptos o variables (en un contexto en particular).

En ocasiones solo se analiza la relación entre dos variables, como se representa en la figura 4. Sin embargo, frecuentemente se ubican en el estudio relaciones entre tres variables, como se representa en la figura 5. En otras ocasiones se incluyen relaciones múltiples, tal es el caso de la figura 6. En este último caso se plantean cinco correlaciones (se asocian cinco pares de correlaciones: X con Y, X con Z, Y con W,Z con F).

Figura 4

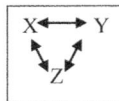

Figura 5

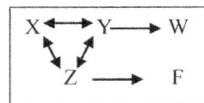

Figura 6

Los estudios correlacionales miden las dos o más variables que se pretende ver si están o no relacionadas en los mismos sujetos y después se analiza la correlación.

La utilidad y el propósito principal de los estudios correlacionales son saber cómo se pude comportar un concepto o variable conociendo el comportamiento de otras variables relacionadas. Es decir, intentar predecir el valor aproximado que tendrá un grupo de individuos en una variable, a partir del valor que tienen en la variable o variables relacionadas.

La correlación puede ser positiva o negativa. Si es positiva, significa que sujetos con altos valores en una variable tenderán mostrar altos valores en la otra variable.

Si no hay correlación entre las variables, ello nos indica que éstas varían sin seguir un patrón sistemático entre sí: habrá sujetos que tengan altos valores en una de las dos variables y bajos en la otra, sujetos que tengan altos valores en una variable y altos en la otra, sujetos con valores bajos en una variable y bajos en la otra, y sujetos con valores medios en las dos variables.

Los estudios correlacionales se distinguen de los dos descriptivos principalmente en que, mientras éstos se centran en medir con precisión las variables individuales (varias de las cuales se pueden medir con independencia en una sola investigación), los estudios correlacionales evalúan el grado de relación entre dos variables, pudiéndose incluir varios pares de evaluaciones de esta naturaleza en una única investigación (comúnmente se incluye más de una correlación). Para comprender mejor esta diferencia tomemos un ejemplo sencillo.

La investigación correlacional tiene, en alguna medida, un valor explicativo aunque parcial. Saber que dos conceptos o variables están relacionados aporta cierta información explicativa.

Puede darse el caso de que dos variables estén aparentemente relacionadas, pero que en realidad no lo estén. Esto se conoce en el ámbito de la investigación como correlación espuria.

### 1.9.4. Los estudios explicativos

Los **estudios explicativos** van más allá de la descripción de conceptos o fenómenos o del establecimiento de relaciones entre conceptos; están dirigidos a responder a la causas de los eventos físicos o sociales. Como su nombre lo indica, su interés se centra en explicar por qué ocurre un fenómeno y en qué condiciones se da este, o por qué dos o más variables están relacionadas.

Las investigaciones explicativas son más estructuradas que las demás clases de estudios y de hecho implican los propósitos de ellas (exploración, descripción y correlación), además que proporcionan un sentido de entendimiento del fenómeno a que hace referencia.

### 1.9.5. La investigación acción

Otros investigadores, como K. Lewin (1946) propone la **investigación acción** (Action Reseach) para identificar una forma de la práctica investigativa en la cual los grupos de personas organizan sus actividades con el objetivo de mejorar sus condiciones de vida y aprender de su propia experiencia, atendiendo a valores y fines compartidos. Ver acápite 1.5. "Paradigmas de la Investigación".

Por su parte, Wolcott (1975), Wilson (1977) y Le Compte-Goetz (1982) denominan la investigación etnográfica. Este tipo de investigación pertenece al paradigma interpretativo, donde se trata de explicar y comprender la actuación del sujeto en su contexto. Se trata de reconstruir la realidad rescatando su complejidad en toda la magnitud que tiene las relaciones subjetivas que se establecen. Ver acápite 3.3.9. "El método de investigación etnográfica"

### 1.9.6. Las investigaciones primarias y secundarias

Por tanto, entonces, de acuerdo con la contribución tecnocientífica, la investigación se puede clasificar en: **investigaciones primarias** e **investigaciones secundarias**. Las primeras se derivan de fuentes originales. En ellas hay contribución a la teoría y a la práctica. Este tipo de investigación a su vez se subdivide en: estudio de caso, criterio experto y estudio experimental.

### 1.9.7. El Estudio de Caso

**Estudio de caso**: se centra en uno o varios individuos. Estos estudios por lo general, son longitudinales; es decir, se sigue al individuo o individuos en un período relativamente prolongado. Ver acápite 4.10.

### 1.9.8. Criterio experto

**Criterio experto**: en este tipo de estudio se aprovecha la sinergia del debate en el grupo y se eliminan las interacciones sociales indeseables que existen dentro de todo grupo. Ver acápite 4.7. "Criterio experto por la metodología de preferencia" y 4.8. "Delphy".

### 1.9.9. Estudio experimental

**Estudio experimental**: es la integración de diferentes estudios que investigan el comportamiento de un grupo bajo condiciones controladas. Ver acápite 3.3.6. "El experimento".

### 1.9.10. Estudio longitudinal

**Estudio longitudinal:** investiga el objeto en una muestra de sujetos a lo largo de su evolución en un período determinado.

**Ejemplo***: "Se quiere conocer la evolución en la velocidad de lectura en diferentes edades, desde los 5 hasta los quince años. Para ello se toma una muestra representativa de sujetos de cinco años a los cuales se les aplica una prueba inicial y posteriormente y de forma periódica se les aplicarán pruebas sucesivas. Transcurrido el período de seguimiento se dispondrá de una descripción del desarrollo de la velocidad lectora. En este ejemplo la célula básica es la velocidad lectora".*

Este tipo de estudio tiene como **ventaja** el análisis del desarrollo de los fenómenos educativos y como **desventaja** que requiere de un mayor tiempo para realizarse, ya que depende del proceso de evolución del objeto que se investiga.

### 1.9.10.1. Estudio transversal

En el afán de acortar el tiempo de obtención de los resultados, en ocasiones el investigador utiliza una muestra de diferentes sujetos que se encuentran en distintos niveles o estadio de desarrollo, lo cual se conoce como **estudio transversal**, pero esto trae como desventaja que no se pueda seguir el proceso de evolución de la célula básica de manera continuada, por lo que se limita el conocimiento sobre la dinámica de su formación y desarrollo.

En el mismo ejemplo de la velocidad lectora, en el caso de un **estudio transversal**, se utiliza una muestra de individuos estratificada por edades. La recogida de estos datos puede durar poco tiempo, los resultados ofrecen una descripción del desarrollo de la velocidad lectora en un largo período evolutivo, con la diferencia que son distintos sujetos.

### 1.9.11. La Investigación Teórica

La teoría (la teoría pedagógica incluida) no es simplemente una suma de hechos científicos absoluta o relativamente confiables. Para que los resultados de la investigación empírica, del registro y conjunto de datos obtenidos no sólo contengan elementos teóricos, o posibiliten la valoración y la comprobación de la verdad de representaciones teóricas, sino que entren en una teoría científica como pruebas de algunas de sus tesis, es necesario someterlos a una selección, clasificación, análisis, generalización y explicación mediante las cuales se puede conocer las causas de los fenómenos, o de los efectos que ellos producen y esclarecer las dependencias objetivas y no causales. Se trata del nivel teórico del conocimiento en el que el objeto se refleja mediante las elaboraciones del pensamiento abstracto.

La interacción del proceso continuo entre lo empírico y lo teórico, posibilita la ampliación y el enriquecimiento científico en general. Además de los datos, en las investigaciones son necesarias las ideas científicas que describen o explican los fenómenos, y hacen inteligible al mundo a partir del pensamiento abstracto (conceptos, juicios, deducciones).

Delo anterior se infiere que, cuando el investigador se enfrenta a un problema de investigación, puede resolverlo por procedimientos empíricos, o teóricos, o ambas a la vez, lo que originaría:

a) una investigación empírica (en lo esencial)

b) una investigación teórica

c) una investigación teórica-práctica

El predominio de unos u otros métodos sólo determina el carácter de la investigación pero no excluye la presencia de signos o métodos diferentes. La investigación teórica (o racional) vista en el sentido amplio, emplea tres métodos fundamentales la hipótesis, la ley y la teoría.

**La hipótesis**

En el capítulo II, se profundizará en las hipótesis, ideas a defender y preguntas científicas. Por tanto, ahora se pretende solo que ubicarla en este nuevo plano.

Un requisito importante que debe cumplir toda hipótesis (y en general toda teoría) en el campo de las ciencias sociales y en particular de las ciencias pedagógicas, es que su veracidad se compruebe en la práctica social. De aquí la importancia de profundizar en una comprensión adecuada del proceso de verificación empírica de sus hipótesis y teorías.

Pese a la posición de los empiristas, desde el físico austríaco E. Mach, se ha demostrado que los resultados empíricos, e incluso sus generalizaciones más simples, son sólo el comienzo de la investigación, y que por tanto, requieren ser interpretados y explicados. Esto es imposible sin hipótesis.

La fuerza de este argumento está en su razonamiento inverso. La hipótesis se formula sobre la base de determinados hechos o conocimientos que constituyen sus premisas: no existe tampoco sin ellos. Entonces las hipótesis se formulan para explicar los hechos ya conocidos y pronosticar los desconocidos. Es decir, actúa como conclusión de un razonamiento con cierta posibilidad o verosimilitud, cumpliendo ya otra función: la de premisa de un determinado juicio hipotético, es decir, los juicios o razonamientos que se formulan a partir de determinadas hipótesis o proposiciones. Este tipo de razonamiento se conoce como hipotético-deductivo y se diferencia de los razonamientos que parten de los datos empíricos en que estos se apoyan en juicios acerca de hechos firmemente establecidos. En los razonamiento hipotéticos en cambio, la significación de las premisas pueden ser desconocidas o hasta contradecir los hechos.

En la actualidad, los razonamientos hipotéticos, se aplican ampliamente en la heurística, en los experimentos ideales, en la didáctica y otras ramas, pero esencialmente se utilizan en las ciencias naturales.

En este momento conviene destacar al menos, cómo desde los primeros positivistas que consideraban científicos sólo a aquellas teorías que se reducían a los datos de la experiencia sensible (que era considerada a su vez por ellos como algo subjetivo, resultado de las sensaciones, representaciones y vivencias del sujeto) Posteriomente, el neopositivismo y su principio de verificación (comprobación de las hipótesis y teorías en cuanto a su verdad), hasta el principio de refutabilidad o falseabilidad de Karl Poper (cualquier número de confirmaciones es incapaz de garantizar la verdad; cualquier caso que contradiga la hipótesis la refuta), se ha centrado el debate en una exigencia básica en la formulación de la hipótesis: la comprobación empírica.

Esta exigencia posibilita la eliminación de las proposiciones especulativas o generalizaciones inmaduras, las suposiciones arbitrarias. El problema radica en que no puede exigirse la comprobación directa de toda hipótesis científica. Esta aparente contradicción se aclara cuando se aprecia que, como regla, las hipótesis no existen aisladas entre sí, sino que están reunidas en un determinado sistema teórico que contiene la hipótesis de diferente grado de generalidad y fuerza lógica. Las más generales de ellas, las más consistentes, como norma, no admiten una comprobación empírica directa. Su verosimilitud se puede establecer sólo en forma indirecta (a través de la comprobación directa de los resultados que de ellas se desprenden).

En las teorías científicas, unas hipótesis dependen de otras, por lo que la comprobación de unas, sirven de evidencia indirecta de la verosimilitud de otras con las cuales se encuentran vinculadas lógicamente. Esto evidencia que la comprobación de las hipótesis no es tarea tan simple. Constituye un salto dialéctico.

La conclusión radica en que, si bien es cierto que la refutabilidad, por principio, sirve de antídoto contra el dogmatismo y conduce a la búsqueda de los hechos y fenómenos que contradicen la teoría, no es posible estar seguros de la verosimilitud o probabilidad de las mismas, sin un determinado número de comprobaciones de la hipótesis. Este criterio, predominante hoy entre los especialistas en lógica y metodología de las ciencias, indica que "el criterio de comprobación es necesario y suficiente para juzgar sobre la cientificidad de la hipótesis desde el punto de vista de su fundamentación empírica".

En resumen, el proceso de comprobación de las afirmaciones científicas incluye, por lo menos, tres componentes:

1. Obtención de resultados lógicos de las hipótesis que no pueden ser comprobadas empíricamente.
2. Introducción de formulaciones intermedias o hipótesis, para la obtención de resultados empíricamente comprobables.
3. Obtención de resultados, que sometidos a su correspondiente interpretación, puedan ser comparados con los resultados empíricos.

Un camino diferente conduce al positivismo y en su manifestación más nociva el conductismo que excluye el estudio de los procesos psíquicos internos del hombre (por ejemplo), que son los que obligan al investigador a formular leyes y teorías.

Sin embargo, no suficiente la fundamentación empírica. Antes de someter una hipótesis a comprobación empírica, es necesario convencerse de que constituye un supuesto razonable, maduro; ese es el papel de su fundamentación teórica. Lo ideal es que pueda establecerse una vinculación lógica entre la hipótesis y determinadas hipótesis de cualquier otra teoría confiable en el área, es decir, la inclusión de la hipótesis en un determinado sistema teórico. En realidad con frecuencia resulta necesario conformarse con fundamentaciones más débiles, en la que se le exige a las hipótesis simplemente que estén en correspondencia con los principios y leyes ya establecidos en el área, aunque cuidando que ello no frene la discusión de nuevas teorías que revolucionen la ciencia.

Debe reconocerse, el peligro de un enfoque racionalista, posición diametralmente opuesta al positivismo, y que absolutiza el pensamiento discursivo y considera que se pueden formar juicios verdaderos sin basarse en la experiencia. En conclusión, el mejor camino para el investigador es el que abarca el conjunto de exigencias de las fundamentaciones teóricas y empíricas.

## La Ley

Otro método fundamental de la investigación teórica es la LEY; ello es así, porque el objetivo fundamental de cualquier investigación científica es el descubrimiento y formulación de leyes.

"La ley - observaba Lenin - , es el reflejo de lo esencial en el movimiento del universo". Ellas expresan las relaciones y vínculos esenciales de los objetos y fenómenos. No toda suma de conocimientos constituye una ciencia o explican la esencia de los fenómenos, mucho menos descifran las leyes de la sociedad, o del proceso pedagógico. En el curso del desarrollo de la ciencia, surge la necesidad de hallar una base teórica única, de desarrollarla y consolidarla.

La ley científica es una hipótesis comprobada. Pero no todas las hipótesis comprobadas pueden tener carácter de ley. Para ello, la hipótesis deberá satisfacer otra serie de exigencias esenciales además de haber sido confirmada por los hechos y la experiencia, entre ellas:

1ra. Su forma lógica; las leyes deben tener la forma de proposiciones universales, debido a que abarcan un infinito número de hechos aislados de una determinada región de la realidad en cuyo caso se refieren a las llamadas leyes fundamentales casi que existentes sólo en la física y la química, expresando las propiedades más general de la materia, o bien en forma de afirmaciones particulares o existenciales. Pero el rasgo de generalidad o universalidad en cualquier relación, en cualquier marco, es un aspecto característico de toda ley.

2da. La posibilidad de inclusión en una determinada teoría. En la ciencia, las leyes se unifican en un todo único en los marcos de una determinada teoría, que forma un sistema de principios, leyes e hipótesis vinculados entre sí. Como regla, las leyes empíricas se extraen de las teorías y las más generales de las menos generales.

## La teoría

La teoría es un nivel de la investigación (o de la ciencia) en el cual transcurre un proceso de operaciones con conceptos, se formulan juicios y se arriba a conclusiones, en una actividad en la que se correlacionan las nociones científicas establecidas con anterioridad, con aquellas recién surgidas. Elevándose al nivel teórico, el pensamiento científico se libera de la descriptividad empírica y crea generalizaciones teóricas.

El conocimiento científico no se refiere a generalizaciones, leyes o hipótesis individuales y aisladas (característica de las etapas primarias del desarrollo de cualquier ciencia), sino a sistemas determinados por ellas. Esta sistematización se realiza en forma más completa en los marcos de las teorías científicas. El proceso creador de la ciencia, parte del reconocimiento de determinados problemas, culmina con la construcción de teorías; las que a su vez plantean la necesidad de su contrastación.

Las teorías factuales se construyen para "explicar", "prever" o "actuar". La explicación reúne elementos inicialmente aislados en un cuerpo unificado de conocimientos. El principal motivo de la investigación científica es la solución de sus porqués.

En toda ciencia, la teoría es a la vez la culminación de un ciclo de investigación y una guía para la investigación posterior, o también a la inversa: una guía para la investigación a la vez que la culminación de un ciclo investigativo. Las teorías que tratan del mejor modo de explotar el conocimiento adquirido, son las teorías operativas, que no utilizan el conocimiento científico sustantivo, sino el método de la ciencia. Tales teorías pueden considerarse científicas y dirigidas al tema de la acción: son teorías de la acción.

De hecho, toda teoría operativa mantendrá los siguientes rasgos característicos de las teorías científicas:

1. No se refieren directamente a piezas de la realidad, sino a modelos más o menos idealizados de la misma.
2. Por ello, utilizan conceptos teóricos.
3. Pueden absorber información empírica y enriquecer a su vez la experiencia, suministrando predicciones o retrodicciones.
4. Serán contrastables empíricamente, aunque menos rigurosamente que las teorías científicas.

La teoría operativa se ocupa directamente de los actos del elaborador de decisiones, productor o agente. Se ocupan de investigar lo que hay que hacer para conseguir, evitar o cambiar el ritmo de los conocimientos o su desarrollo de un modo determinado.

Otro elemento a considerar es el de la inferencia científica, como por un lado se encuentran los datos (realidad objetiva) y por el otro las ideas (lo subjetivo), hay que establecer cómo comparar ésta con la evidencia empírica. Así, la INFERENCIA es el paso del conjunto de proposiciones (premisas), a otro conjunto (al de las conclusiones). Por tanto, la inferencia puede ser exitosa o no, y válida pero inútil y hasta no válida y sin embargo fecunda.

En la actualidad se reconocen diferentes tipos de teorías científicas:

I - En las ciencias factuales o empíricas.

1. Teorías substanciales de las ciencias factuales o experimentales, las que con diferente grado de profundidad, generalizan el material empírico existente. Se distinguen de las lógico-matemáticas y especulativas en cuanto lo experimental; de las formales o formalizadas, en cuanto "substanciales". También se les llama "reales" por estar relacionadas con el mundo directo y real de la experiencia.

Entre estas teorías, siguiendo la clasificación de las ciencias que propone Unge, se encuentran:

    a)    Las naturales: Física, Química, Psicología individual, etc.
    b)    Las culturales o sociales: Sociología, Psicología Social Economía, C. Política, Historia, Pedagogía, etc.

II - En las ciencias formales.

1. Teorías hipotético-deductivas y de modelos, muy difundidas en la metodología no Marxista contemporánea y como método, encuentra su mayor aplicación en las ciencias naturales (Mecánica Teórica, Física, Astronomía y otros).

2. Teorías axiomáticas y semi-axiomáticas de la matemática y las ciencias naturales matemáticas, que se diferencian de las empíricas en que no requieren apoyarse directamente en la experiencia y el mundo real, aunque sería erróneo calificarlas como totalmente desvinculadas del mundo real.

3. Teorías lógico-matemáticas o formalizadas, de la fundamentación de la matemática y la lógica matemática. La denominación de "formales" subraya que ellas investigan las formas del mundo real (la lógica, las formas del pensamiento; la matemática, sus formas abstractas o las estructuras), es decir, las estructuras separadas de su contenido concreto y material.

Desde la posición materialista dialéctica, la teoría científica, parte del principio de que el proceso de comprobación de la veracidad de las teorías científicas debe cumplir el principio de la unidad entre lo empírico y lo racional. Rechaza las posiciones que obstaculizan uno u otro carácter y considera que son unilaterales. Sostiene que la unidad dialéctica entre el momento empírico y el momento racional debe estar presente a la hora de comprobar la veracidad de una teoría científica.

Toda teoría en las ciencias naturales y sociales debe presentar consistencia lógica interna, es decir, que en su formulación no existan contradicciones lógicas, que haya rigor en las deducciones realizadas, que tenga vínculos lógicos con otros componentes de la teoría es decir, toda teoría, toda ley, debe ser un sistema lógico coherente, que tenga precisión y claridad.

La estructura lógica jerarquizada de la teoría se puede resumir en:

❖ toda teoría se puede distinguir su núcleo; que comprende: los principios, las leyes más generales, las cuales se desprenden leyes o principios de menor jerarquía, más específicas, y generales, de las cuales a su vez se desprenden otras de contenido más empírico, más específico, de menor nivel de generalidad.

❖ el aval de cualquier teoría consiste en primer lugar en comprobar su estructura lógica. No puede haber formulaciones científicas aisladas.

❖ la teoría, no necesariamente debe confirmarse empíricamente. El modo lógico en que se organicen las acciones, los métodos que se adoptan y los fundamentos epistemológicos permiten la confirmación de la teoría. En el caso de la confirmación empírica puede ser desarrollada de dos formas:

  ➢ Directa más inmediata.
  ➢ Indirecta y mediata

Las formulaciones teóricas, su veracidad, se comprueban a través del procedimiento o proceso de confirmación empírica indirecta y mediata. Ellas reflejan las particularidades esenciales de los fenómenos y tienen un alto valor gnoseológico; se pueden someter también a comparación empírica a través de la práctica social y tiene un carácter mediato e indirecto.

En este sentido, la práctica social adquiere un papel importante. La misma es la actividad consciente de los hombres, dirigida a la transformación de la realidad con vistas a la satisfacción de sus necesidades. Incluye las diversas esferas de la actividad humana productiva, política, ideológica, científica, técnica o educacional en nuestro caso, y desempeña un papel fundamental en la demostración y verificación de las teorías científicas.

La práctica social, como criterio de veracidad de los conocimientos de las teorías, de las hipótesis, tiene a su vez un carácter absoluto y relativo:

● absoluto: porque confirma la objetividad de nuestros conocimientos al transformar la realidad atendiendo a nuestra representación teórica.

● relativo: porque la propia práctica tiene limitaciones históricas y no puede confirmar o refutar de una vez por todas las formulaciones teóricas. La práctica ulterior puede mostrar nuestras insuficiencias teóricas de hoy.

## Capítulo II. Diseño teórico de la investigación científica

### 2.1. Acerca del problema científico

En toda investigación, independientemente de cualquier concepción paradigmática que se adopte, la categoría básica principal en ella siempre será el problema científico, ya que este determina el resto de las categorías. El problema no se selecciona, se identifica, se formula como una contradicción formada por dos elementos internamente relacionados. Se pueden distinguir dos tipos de contradicciones: externas e internas, que en realidad son dos momentos de un mismo proceso. El concepto problema ha sido definido desde diferentes perspectivas, la figura 7 sintetiza sus definiciones.

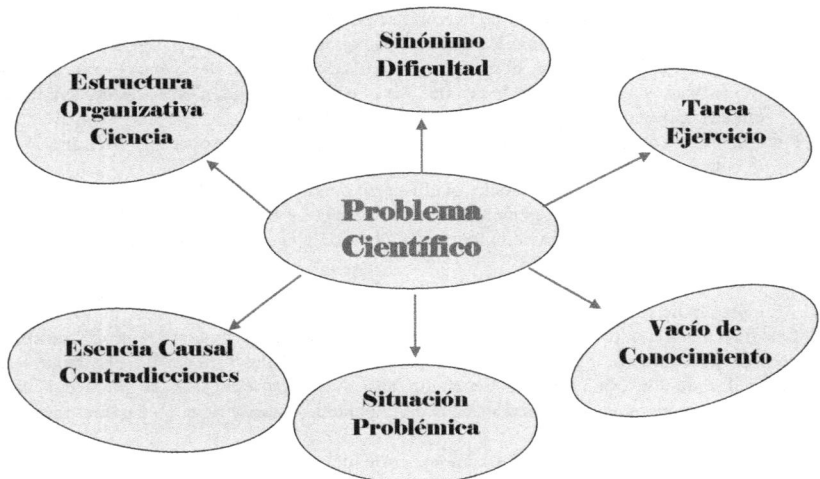

Figura 7. Definiciones del concepto problema

Por tanto, la categoría problema se puede taxomizar en:

**Problema Metodológico**: es aquel estado de discrepancia entre el nivel real y el deseado dado por la inadecuada aplicación del conocimiento científico.

**Problema de Vacío de Conocimiento**: es el desconocimiento del sujeto investigador acerca del objeto investigado.

**Problema Acientífico**: es aquel estado de discrepancia entre el nivel real y el deseado que se soluciona a través de la aplicación de la tecnociencia.

**Problema Social**, según J. Nuñez (2007: 94): "es la esfera de la actividad científica que trata de entender los aspectos sociales del fenómeno científico y tecnológico, tanto a lo que respecta a sus condiciones sociales como en lo que atañe a sus consecuencias sociales y ambientales".

**Problema Docente**: es aquella situación en la que el docente de manera planificada le orienta a sus estudiantes una actividad para que en correspondencia con los métodos estudiados arriben a la solución esperada.

**Problema de Investigación**: es toda aquella situación de discrepancia entre el nivel real y el deseado que para su solución se requiere de la aplicación del método científico.
**Problema Científico,** este ha sido definido por varios autores. Así por ejemplo:
C. Álvarez (1995) "El problema es la ausencia de conocimientos para su solución." Es significativo señalar que no siempre que hay ausencia de conocimientos para su solución estamos en presencia de un problema científico. Por cuanto, podemos estar en presencia de vacíos de conocimientos.
C. Álvarez (2000) "El problema es el porqué de la investigación, lo podemos definir como situación propia de un objeto, que provoca una necesidad en un sujeto, el cual desarrollará una actividad para transformar la situación mencionada y resolver el problema." Es significativo señalar que se pueden dar todas las cualidades antes referidas y no ser un problema científico, puede tan solo ser un problema de investigación.
V. Sierrra (1998) "El problema es la ausencia de conocimientos para su solución." Esta definición coincide con la propuesta por C. Álvarez, 1995.
ICCP (1998) "El problema es la forma de delimitar el área de lo desconocido, hacia lo cual debe dirigirse el conocimiento científico." Esta definición se torna inexacta y relativa para la ciencia por cuanto no orienta con exactitud lo que realmente es un problema científico.
B. Castellanos (1998) "El problema se revela en la discrepancia o contradicción entre la situación actual y la deseada." Este puede ser el caso de un problema práctico, pero no de un problema científico.
C. Córdova (2004) "El problema es la situación que favorece la aparición o agudización de dificultades." Es significativo señalar que las contradicciones también tienen esta cualidad, y no siempre implican un problema científico.
R. Valledor (2005) "El problema surge a partir de aquellas cualidades, propiedades o características de un objeto que afectan a un sujeto, que tiene un sistema referencial de conocimientos y habilidades que si bien no le permiten dar la solución al problema de inmediato, si le permiten percatarse que algo anda mal o que el objeto es susceptible de perfeccionamiento."
M. Lanuez (1995) "El problema es el primer eslabón en la cadena problema-investigación-solución." Evidentemente, el problema es el primer eslabón es por ello que constituye la categoría rectora de toda investigación, ¿pero qué es el primer eslabón?
M. Lanuez (2006) "El problema se revela en la discrepancia o contradicción entre la situación actual y la deseada." Esta definición coincide con la propuesta por B. Castellanos, 1998.
E. Machado (2001) "El problema es la macrofragmentación de la realidad teórica que se estudia."Esta definición permite la aparición de la postura de pirámide invertida en la investigación, en relación con las categorías de objeto de investigación y campo de acción. Referido a esta teoría se realizará un análisis en el acápite que trata al campo de acción.
Hasta aquí una breve referencia de una serie de definiciones del concepto problema científico que se tornan relativas e inexacta para la ciencia. Por consiguiente, se entiende por **problema científico el conocimiento de la manifestación de un objeto que crea una necesidad en el sujeto, producto a las antinomias que en este se generan, dichas contradicciones no se pueden resolver automáticamente, sino que requiere de un proceso investigativo para satisfacer el desconocimiento /el sesgo epistemológico de la ciencia.**
La investigación científica comienza con la identificación de problemas. El surgimiento de problemas científicos puede tener diversas fuentes:

❖ la observación,
❖ la interacción con expertos o especialistas,
❖ el análisis crítico de la literatura científica,
❖ el examen del cuerpo de recomendaciones de tesis defendidas,
❖ en datos empíricos cuya explicación no esté contenida en las teorías científicas,
❖ en la contradicción entre diferentes teorías científicas.

El desarrollo exitoso de la actividad práctica promueve constantemente la necesidad de nuevos conocimientos y los pedidos sociales en el interior de la ciencia en forma de problemas científicos. Por tanto, la referida categoría es la expresión subjetiva de la realidad objetiva del desarrollo del conocimiento científico. Como puede apreciarse, los problemas están vinculados con la ausencia de determinados conocimientos. Sin embargo, sería erróneo identificar los problemas como ignorancia. Estos no surgen solamente cuando faltan conocimientos, sino cuando la ciencia toma conocimiento de la ausencia del saber necesario para satisfacer cierta demanda social. Por esta razón, el problema científico debe ser entendido como el conocimiento del desconocimiento y su formulación puede realizarse sólo a partir del conocimiento ya existente. Visto así, la identificación, concreción y formulación del problema científico constituye un importante paso delante de la ciencia en tanto que traza el camino hacia la adquisición de nuevos conocimientos.

El proceso de precisión del problema, es decir como problema científico en una investigación, se efectúa desde una dinámica en cuatro planos fundamentales:

1. El **plano genésico**: en este es donde el investigador tiene el primer contacto con el problema, aún no sabe si es científico o no, a través de cualquier fuente, donde se da cuenta de la existencia de determinadas antinomias, fundamentalmente de tipo externa, dada entre lo ideal y lo real. En este plano se aplican diversos instrumentos para verificar la objetividad y la existencia del problema, una vez aplicados dichos instrumentos y corroborado su objetividad, la existencia de un sesgo, de determinadas antinomias y entropías; se está en condiciones para pasar a un segundo plano.

2. El **plano referativo**: en este el investigador va a buscar en la literatura científica la respuesta al problema. Si encuentra la respuesta a esas antinomias en la fuente, las aplica haciendo las adecuaciones necesarias. De ser así, lo que se había identificado era problema metodológico, de vacío de conocimiento, etc., pero no científico. Tal vez, dicho problema se resolvía con determinada metodología, con una innovación, o simplemente contextualizando la respuesta que han dado otros autores. Esto demuestra que no se encontraba en presencia de un problema de la ciencia y sí en uno de vacío de conocimiento dado por el propio desconocimiento del investigador. Por el contrario, si en la literatura científica no existe tal respuesta, entonces es que nos encontramos frente a un problema de la ciencia. De ahí que sea necesario entonces, pasar a un tercer plano.

3. El **plano limitativo**: aquí el investigador debe precisar las limitaciones de las teorías existentes, determinar hasta dónde han llegado los investigadores que le han antecedido en el tema, precisar cuál es el sesgo que aún no se ha llenado desde la teoría y determinar la antinomia interna que conduciría a un aporte teórico; todo lo anterior demuestra la presencia de un problema científico, porque es la ciencia la que tiene el desconocimiento. Esta dinámica se da fundamentalmente en el caso de las tesis doctorales.

La solución parcial o total del problema requiere de un alto nivel de creatividad por parte del investigador quien va a hipotetizar, a dar respuesta al problema científico, donde necesita tener en cuenta las antinomias o antinomia interna a partir de la (s) cual (es) va a generar el aporte teórico y con ello resolver el problema científico, esto ocurre a partir de la precisión del sesgo que tiene la ciencia, del vacío que han dejado los investigadores que lo han antecedido.

La creación científica es un proceso extremadamente complejo, influido por una serie de factores. Debe recordarse que el sujeto que la lleva a cabo actúa en un tiempo y sociedad concreta que incluye cierto ambiente científico y cultural. Las circunstancias históricas, económicas, políticas, culturales, condicionan, en gran medida, la producción y difusión del conocimiento científico.

Se consideran como requisitos para la formulación de un problema científico los siguientes:

- **Objetivo**: debe existir fuera e independiente de la mente del investigador. Debe permitir su medición.
- **Admitir vía de solución científica**: en su planteamiento no debe aparecer la respuesta o solución al problema. No se puede resolver automáticamente.
- **Revelar contradicciones**: fundamentalmente de tipo externa dada entre lo ideal y lo real.
- **Ser preciso**: debe reflejar la dimensión que se alude.

Para plantear el problema científico existen tres vías fundamentales, ellas son:

1) **Como desconocimiento**: el investigador en ese momento desconoce el agente causal de las contradicciones y limitaciones de las teorías existentes.

**Ejemplo**:

¿Cómo mejorar la lectura en discentes de decimosegundo grado para decodificar textos de mediana complejidad en la lengua inglesa?

2) **Como objetivo**: como todo concepto tiene una carga semántica positiva o negativa; **ejemplo**: Amor = +, odio = -. El concepto problema tiene una carga semántica negativa. Por tanto, al plantearlo como objetivo también refleja los requisitos antes aludidos.

**Ejemplo**:

Desarrollar la lectura en discentes de decimosegundo grado para decodificar textos de mediana complejidad en la lengua inglesa.

3) **Como agente causal de las contradicciones**: el investigador ya ha modelado el problema en sus diferentes planos y conoce el sesgo de la ciencia, sus agentes causales.

**Ejemplo**:

Insuficiente sistematización de las operaciones simples y generalizadas que limita el desarrollo de las habilidades lecturas en inglés de los discentes de decimosegundo grado en la decodificación de textos de mediano nivel de complejidad.

## 2.2. Objeto de Investigación:

El objeto de estudio u objeto de investigación es la parte de la naturaleza, la sociedad o el pensamiento; es decir la parte de la realidad objetiva, en la que está ubicado el problema científico y, por ende recibe la acción del sujeto. Proceso en el que se une el investigador con el problema de investigación. A decir de C. Álvarez (2001) "Es el proceso que el investigador dirige".

En correspondencia con los problemas enunciados anteriormente, el objeto de investigación sería, como sigue:

**Ejemplo**:

El proceso de enseñanza-aprendizaje de la lengua inglesa en discentes de decimosegundo grado.

### 2.3. Campo de Acción

Por **campo de acción se entiende la parte del objeto que se abstrae como sistema de influencias del sujeto cognoscente.** Esta categoría solo se precisa en investigaciones sociales donde es necesario un determinado grado de abstracción.

En la comunidad científica se valoran las referidas categorías como un proceso de pirámide invertida: Ver figura 8.

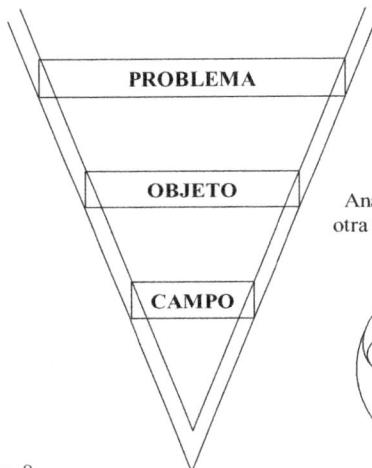

Como se puede apreciar, en esta concepción el problema es macro, el objeto meso, y el campo micro. Es decir que los elementos de generalización se reducen en cada categoría a partir del problema.

Analicemos esta misma concepción, pero desde otra figura geométrica, el elíptico:

Figura 8.

Sí el problema es mayor que el objeto, entonces por un lado existirán partes de este que no se resuelvan; y por el otro, un mismo problema se encontrará en disímiles objetos. Si se es consecuente con la definición del concepto: objeto, como la parte de la naturaleza, la sociedad o el pensamiento en la que está ubicado el problema científico y, por ende recibe la acción del sujeto. Proceso en el que se une el investigador con el objeto de investigación, se comprenderá que lo que se ha identificado en tal caso no es el objeto del problema.

Un problema tiene un solo objeto, pero N campos de acción. Algunos autores no creen necesario determinar el campo, pues consideran que el problema se corresponde con el. Esto puede ocurrir en ocasiones, pero, como regla, el campo es más diverso que el problema.

**Ejemplos:**

A continuación mostramos algunos ejemplos en correspondencia con el problema y objeto ya enunciado:

❖ Motivación intrínseca por la lectura en inglés en discentes de decimosegundo grado.

❖ Proceso dinámico de las habilidades lectoras en inglés en discentes de decimosegundo grado.
❖ Comprensión lectora en inglés en discentes de decimosegundo grado.
❖ Habilidad generalizada leer en inglés en discentes de decimosegundo grado.
❖ Operaciones lectoras simples y generalizadas en inglés en discentes de decimosegundo grado.
❖ Métodos participativos en la enseñanza de la lectura en inglés en discentes de decimosegundo grado.

## 2.4. El Objetivo

El **objetivo** permite precisar el fin de la investigación. Este proceso debe tener uno solo de carácter fundamental; los específicos, dirigidos a alcanzar el central, deben adoptar la forma de tareas científicas y ser consignados como tales. Por cuanto, el diseño de investigación es un sistema y como tal no contiene dos partes que cumplan una misma función. Además, estos están dirigidos a cumplir el objetivo fundamental.

Este en su redacción debe cumplir los siguientes requisitos:

a) Expresar la máxima aspiración, se debe redactar de forma sustantivada para diferenciar al objetivo de una clase del de una investigación. Por cuanto, este es de mayor nivel de generalización, profundidad y sistematicidad que aquel. Además, sirve para diferenciarlo con las tareas científicas que son particulares. De forma sustantivada permite mayor nivel de precisión en su establecimiento. Además el objetivo indica el logro final mientras que las tareas el proceso.

b) Expresar el constructo principal a partir del cual se transformará la realidad teórica que se estudia.

c) Expresar el fin, aludiendo explícitamente al (los) constructo(s) básicos del problema científico.

**Ejemplo**: establecimiento de una concepción didáctica dinámico – participativa centrada en la dinámica del proceso de lectura que permita el desarrollo de la habilidad generalizada leer en inglés en discentes de decimosegundo grado.

**Ejemplo**: una concepción didáctica dinámico – participativa centrada en la dinámica del proceso de lectura que permita el desarrollo de la habilidad generalizada leer en inglés en discentes de decimosegundo grado.

Sugerimos la utilización del concepto establecimiento, pues indica: modelar, diseñar, elaborar, analizar su factibilidad y validez interna y extender a la práctica social.

Por un lado, existe la tendencia de asumir el proceso investigativo en cuatro etapas, aun cuando se emplean diferentes denominaciones:

1. preparación o planificación de la investigación,

2. ejecución de la investigación,

3. procesamiento de la información, análisis y conclusión,

4. elaboración y defensa del informe.

Por otro lado, existe una dicotomía acerca de la Pedagogía. Unos plantean que es arte, otros que es ciencia y otros que es técnica. ¿Por qué ocurre esto? Si desde su surgimiento ha sido considerada como ciencia, si además tiene su propio objeto de estudio, sus propios métodos de investigación, atiende su propia problemática, etc. – Una de las razones de tales desatinos es porque no ha existido suficiente sistematización teórica.

Con el empleo del concepto: establecimiento, se contribuye, en primer lugar, al enriquecimiento de las etapas de investigación. Además, un investigador no debe sentirse satisfecho tan sólo con la elaboración, defensa de su trabajo y posterior acreditación, sino que se debe sentir satisfecho cuando su obra se extienda a la práctica social y resuelva la necesidad social que dinamizó su investigación. En segundo lugar, favorece la solución de la referida dicotomía pues implica sistematizar.

## 2.5. Las Hipótesis, las Ideas a Defender y las Preguntas Científicas

La hipótesis constituye la quinta categoría. Su importancia es tan grande para el desarrollo de la ciencia que, en muchos casos, esta última trabaja con hipótesis, como por ejemplo, la explicación del origen del universo.

Sin embargo, han tratado de reemplazarla por otras formas de plantear las conjeturas científicas (ideas a defender y preguntas científicas), precisamente por la multiplicidad de corrientes, tendencias y paradigmas de la investigación.

Muchos investigadores rehúsan las hipótesis tal vez por el temor de ser acusado de positivista o por el temor de aplicar un experimento para demostrar la validez de la misma.

El desarrollo de la ciencia se determina no por la cantidad de datos que se obtienen por vía empírica, sino por la cantidad y calidad de teorías propuestas.

Aunque no puede separarse de lo empírico, lo que caracteriza la hipótesis es el elemento racional, reflexivo y teórico. De ahí que, la hipótesis pertenezca al campo de las ideas científicas y, constituya un método teórico de obtención de conocimientos.

El hombre cuando investiga no puede dejar de conjeturar, es decir, dar saltos en el conocimiento que van más allá de la experiencia inmediata y la información existente.

La hipótesis es una idea a defender, con la diferencia que en una investigación se deben defender tantas ideas como sean necesarias para verificar la conjetura científica inicial.

Si se es consecuente con el concepto hipótesis como conjetura, formulación, enunciación y otros términos similares, lógicamente la hipótesis es una idea a defender que no presupone experimentar y en dependencia de las características de la investigación, definir variables.

La peculiaridad característica de la hipótesis radica en que sistematiza el conocimiento científico, en que forma un cierto sistema de abstracciones. Lo especial de la hipótesis como forma del reflejo de la realidad consiste en que posee, a diferencia de los juicios, los conceptos y los raciocinios, perfil complejo, sintético. La hipótesis es un determinado sistema de juicios, conceptos y razonamientos. Ningún juicio o concepto o raciocinio, tomado aisladamente constituye una hipótesis, sino tan sólo una parte de ella.

Las características de la hipótesis, de referirse a un hecho no sometido a la experiencia y de ser corregible a la luz de nuevos conocimientos, significan que se tratan de ideas acerca del mundo que se consideran como probables, por cuanto pueden confirmarse o rechazarse. De ahí, que esta no necesite ser comprobada, sino verificada; al ser ideas probables pueden redactarse en forma de interrogantes.

De modo que, por hipótesis se entiende, en el sentido más amplio, cualquier proposición, supuesto o predicción que se basa, bien en los conocimientos ya existentes, o bien en hechos nuevos y reales, o también, como sucede con mayor frecuencia, en unos y en otros. Tan importante es el papel de la hipótesis, que pudiera plantearse que el desarrollo del conocimiento científico transcurre a través de la construcción, argumentación y verificación de la hipótesis.

Toda hipótesis se caracteriza además por tener una suposición que hace las veces de idea y sintetiza el conocimiento en sistema. La hipótesis no es la única forma de conjetura y presunción admitida en la ciencia con el fin de conseguir un conocimiento profundo y detallado del objeto. Las peculiaridades de la hipótesis como forma del conocimiento científico se entenderán más fácilmente si se ponen de manifiesto las peculiaridades específicas de la suposición contenida en ella a diferencia de las demás clases de conjeturas científicas, si se muestra su distinta función gnoseológica.

Podemos distinguir las siguientes clases de conjeturas utilizadas en la ciencia: preguntas científicas, ideas a defender e hipótesis.

Estas tres conjeturas no pertenecen a diferentes posturas teórico-metodológicas como afirman algunos autores, sino que indican diferentes momentos de madurez del conocimiento científico del investigador.

Cuando se realiza una investigación de tipo exploratoria para iniciar un tema, o el investigador no tiene experiencia, se recurre a las preguntas científicas. Estas son interrogantes que se realizan a partir de la atomización del problema en sub-problemas y sirven de guía al investigador. Por ejemplo:

- ❖ **¿Qué es la lectura?**
- ❖ **¿Cómo integrar en sistema las habilidades que intervienen en la acción de leer?**
- ❖ **¿Cuáles son las operaciones lectoras más adecuadas para desarrollar la habilidad generalizada leer?**
- ❖ **¿Qué clasificación de textos sería la más adecuada desde el punto de vista didáctico?**
- ❖ **¿Cuál metodología le corresponderá tratamiento diferenciado de los distintos tipos de textos?**
- ❖ **¿Cómo se puede demostrar la efectividad de la nueva concepción didáctica?**

La solución de cualquier problema implica el planteamiento de determinadas interrogantes, suposiciones que poseen cierto grado de fundamentación y con ayuda de las cuales el investigador trata de explicar los hechos que no articulan con otras teorías al uso. El planteamiento de tales suposiciones es una condición para el desarrollo del conocimiento científico; ellos constituyen el núcleo de las hipótesis científicas. F. Engels en "Dialéctica de la Naturaleza", expresó: "La forma en que se desarrollan las ciencias naturales cuando piensan, en la hipótesis. Se observan nuevos hechos, que vienen a ser imposible el tipo de explicación que hasta ahora se da de los hechos pertenecientes al mismo grupo. A partir de este momento, se hace necesario recurrir a explicaciones de un nuevo tipo, al principio basada solamente en un número limitado de hechos y observaciones. Hasta que el nuevo material de observación depura estas hipótesis, elimina unas y corrige otras y llega, por último, a establecer la ley en toda su pureza. Aguardar a reunir el material para la ley de un modo puro, equivaldría a dejar en suspenso hasta entonces, la investigación pensante y por este camino jamás llegará a manifestarse la ley".

En este planteamiento de F. Engels, se encierran dos ideas claves:

a) La hipótesis representa un momento necesario en el desarrollo del conocimiento científico, constituyendo una forma de desarrollo y en modo alguno, un síntoma de debilidad.

b) La hipótesis constituye una forma del desarrollo de la ciencia, porque representa el vínculo mediante el cual se sistematizan determinados aspectos del viejo conocimiento y ciertas ideas nuevas, en el proceso de consolidación de las nuevas teorías.

F. Engels

Cuando se ha avanzado en la investigación y se ha sistematizado la información precedente, se es capaz de llegar a una sinergia, es decir a una idea científica que hay que defender. Por ejemplo:

**Una concepción didáctica para la enseñanza de la lectura en inglés en discentes de decimosegundo grado debe integrar y sistematizar las habilidades que intervienen en la acción de leer, además de considerar a la lectura como un proceso dinámico-participativo donde el sujeto entiende, comprende e interpreta un texto escrito.**

El investigador se sigue aproximando al objeto del conocimiento, determina qué factores pueden incidir en el resultado que espera, identifica el sesgo epistemológico de la ciencia y aparece, entonces, la hipótesis.

La verificación de la hipótesis, se determina por la estrategia, por el modo lógico en que se organicen las acciones, por los métodos que se adoptan; de ahí la relación entre la hipótesis, tareas científicas y métodos. En síntesis, en toda investigación, la hipótesis constituye una respuesta anticipada al problema.

Funciones de la hipótesis:

a) generalizar experiencias,
b) desencadenar experiencias,
c) guiar la investigación, y
d) juzgar el papel interpretativo en la ciencia.

Existen diferentes tipos de hipótesis, así por ejemplo: las de investigación, nulas, alternativas y estadísticas.

Las hipótesis de investigación se taxomizan en: descriptivas, correlacionales, de diferencias de grupo, y de relación de causalidad.

Las hipótesis descriptivas se emplean en estudios descriptivos. En ellas no existen variables; al igual que sucede en las llamadas ideas a defender.

**Ejemplo**:

1    La producción azucarera del CAI Majibacoa se incrementará en un 10%.
2    La educación preparará al hombre para la vida.
3    Los alumnos de la secundaria básica aprenderán más.
4    Una concepción didáctica para la enseñanza de la lectura en inglés en discentes de decimosegundo grado debe integrar y sistematizar las habilidades que intervienen

en la acción de leer, además de considerar a la lectura como un proceso dinámico-participativo donde el sujeto entiende, comprende e interpreta un texto escrito.

Las hipótesis correlacionales especifican las relaciones entre dos o más variables. Corresponden a estudios correlacionales y pueden establecer la asociación entre dos variables.

**Ejemplo**:
1   A mayor dinamismo, mayor aprendizaje.
2   A mayor participación, menor temor al fracaso.
3   A menor pasividad, mayor desarrollo de habilidades lectoras.

Las hipótesis de diferencia de grupos: estas se formulan en investigaciones cuyo fin es comparar grupos.

**Ejemplo**:
1   **Los adolescentes** le atribuyen más importancia que **las adolescentes** al atractivo físico en sus relaciones heterosexuales.

Las hipótesis de causalidad: este tipo de hipótesis se formulan en estudios causales, ellas no solamente afirman las relaciones entre dos o más variables y cómo se dan dichas relaciones, sino que además, proponen un "sentido de entendimiento" de ellas. Este sentido puede ser más o menos completo, dependiendo del número de variables que se incluyan, pero todas estas hipótesis establecen relaciones de causa-efecto. Es conspicuo en este tipo de hipótesis expresar la contradicción interna que genera el aporte teórico. Estas pueden ser bivariadas o multivariadas, las bivariadas son aquellas que están compuestas por dos variables; las multivariadas son aquellas que están compuestas por más de dos variables.

La contradicción interna, es la fundamental, es la que es necesaria solucionar para resolver el problema, está dada en el sesgo epistemológico de la ciencia.

**Ejemplo:**

**La aplicación de una concepción didáctica dinámico - participativa, centrada en la dinámica del proceso de enseñanza-aprendizaje, que considere a la lectura como un proceso dinámico-participativo donde el sujeto entiende, comprende e interpreta un texto escrito, que incluya procedimientos diferenciados de acuerdo con los distintos tipos de textos y un conjunto de enunciados de ejercicios para cada tipología textual, donde se defina el concepto texto docente y se establezca una taxonomía de textos desde una perspectiva didáctica y se sustente en la contradicción interna entre los niveles de comprensión propuestos por diversos autores y la estructura de las habilidades, puede contribuir al desarrollo de la habilidad generalizada leer en inglés en discentes de decimosegundo grado.**

Las hipótesis nulas: son, en cierto modo, el reverso de las hipótesis de investigación. También constituyen proposiciones acerca de las relaciones entre variables; sólo que sirven para refutar o negar lo que afirma la hipótesis de investigación. Si la hipótesis de investigación propone que la concepción didáctica dinámico – participativa desarrolla la habilidad generalizada leer en inglés en discentes de decimosegundo grado; entonces la nula postularía que la concepción didáctica dinámico–participativa no desarrolla la habilidad generalizada leer en Inglés en discentes de decimosegundo grado.

Las hipótesis alternativas: son posibles "alternativas" ante las hipótesis de investigación y nula: ofrecen una descripción o explicación diferente a las que proporcionan estos tipos de hipótesis.

**Ejemplo**:

Si la hipótesis de investigación plantea que la concepción didáctica dinámico – participativa desarrolla la habilidad generalizada leer en inglés en discentes de decimosegundo grado y la nula que la concepción didáctica dinámico–participativa no desarrolla la habilidad generalizada leer en Inglés en discentes de decimosegundo grado; la alternativa plantearía una metodología/un modelo, etc. sería lo que desarrolla la habilidad generalizada leer en Inglés en discentes de decimosegundo grado.

Las hipótesis estadísticas: son la transformación de las hipótesis de investigación, nula y alternativa en símbolos estadísticos. Se pueden formular sólo cuando los datos del estudio que se van a recolectar y analizar para probar o rechazar las hipótesis son cuantitativas (números, porcentajes, promedios).

**Ejemplo**:
Hi: $\underline{X} < 200$.
Ho: $\underline{X} > 200$.
Ha: $\underline{X} = 200$.

Las hipótesis de causalidad son las únicas que se operacionalizan. Ver el siguiente acápite que trata sobre la operacionalización de las variables.

## 2.6. Operacionalización de Variables

Operacionalizar significa otorgar valores a los constructos principales que aparecen en ella. La operacionalización de variables se realiza por cuanto existen cualidades del objeto, que no son directamente observables; estos requieren de la atomización en dimensiones e indicadores que son directamente cuantificables.

Las dimensiones: son diversas direcciones en que puede analizarse una propiedad. Es una meso-fragmentación de la variable.

Los indicadores: son aquellas cualidades o propiedades del objeto que pueden ser directamente observadas, medibles y cuantificadas, que permiten conocer la situación del objeto en un momento dado. Es una micro-fragmentación de la variable.

La variable es aquel elemento que varía, difiere y es susceptible a medición.

## 2.7. Taxonomía de Variables

Existen diferentes tipos de variables que se pueden manifestar en una hipótesis de causalidad; así por ejemplo:

La **variable dependiente**: es aquella que determina el efecto de las otras variables que influyen en ella. Es la variable central, madre; es la que refleja el constructo genésico del problema.

La **variable independiente**: es aquella que selecciona el investigador para solucionar el problema.

La **variable moderadora**: es una variable independiente especial, que la selecciona el

45

investigador para determinar cómo se afecta o modifica la relación entre la variable dependiente e independiente.

La **variable de control**: es aquella que utiliza el investigador para neutralizar o eliminar el efecto de variables ajenas.

La **variable interventora**: son niveles teóricos en que se une la variable dependiente e independiente.

Existen otros tipos de variables que son necesarias neutralizar cuando se emplea un experimento, de modo que el resultado que se ofrezca sea el de la variable independiente y/o moderadora y no de otras variables que pudieron influir durante el proceso de experimentación, ellas son las variables ajenas; estas pueden ser:

**Auto elección**: una de las formas en que se manifiesta la auto elección es cuando los sujetos eligen en qué grupo desean ubicarse en el proceso de experimentación. Otra forma en que se puede manifestar es cuando los grupos que se comparan tienen características diferentes.

**Mortalidad**: se refiere a bajas, pérdidas que se producen en el proceso de experimentación.

**Maduración**: esta ocurre en estudios prolongados en la que los sujetos cambian en aspectos psicológicos y físicos.

**Efecto Hawthorne**: esta ocurre cuando los sujetos se encuentran tan satisfechos con la investigación que los resultados de la misma se acercan más al placer que a cualquier cosa que ocurre con la investigación.

**Efecto Halo**: esta ocurre cuando una persona responde positivamente a otra que le agrada.

**Expectación de los sujetos**: esta ocurre cuando los sujetos piensan que han descubierto el estudio y tratan de "ayudar" o "perjudicar" al investigador.

**Expectación del investigador**: esta ocurre cuando el investigador tiene expectaciones que pueden "colorear" el resultado del estudio.

**Efecto práctico**: esta sucede cuando se aplica la misma prueba repetidamente para determinar si ocurren cambios de actuación.

**Efecto reactivo**: esta ocurre cuando las medidas por sí solas provocan cambios en los sujetos.

**Inestabilidad de medidas y resultados**: se refiere a la consistencia de los resultados ¿serían los mismos resultados si se aplicara las pruebas repetidamente mientras se mantiene el efecto de la misma?

**Naturales**: ruido, temperatura, luz, hora del día, organización del puesto, etc.

**Artificiales**: se producen por la utilización de métodos artificiales que provocan que el estudio salga del marco real.

**Historia**: son acontecimientos que ocurren durante el experimento.

**Interacción entre selección y maduración**: es un efecto de maduración que no es igual en los grupos de experimentación, debido a algún factor externo.

**Sexo**: el sexo puede constituir una variable ajena, por ejemplo si se desarrolla una investigación acerca de la fuerza y se contrastan las hembras con los varones.

## 2.8. Control de Variables Ajenas

En un experimento, es conspicuo neutralizar las diferentes variables ajenas, el resultado del mismo debe ser el del efecto de las variables independientes, una vía para las variables ya citadas es como a continuación se expone:

Las **variables de tipo ambiental**; es decir, las naturales y artificiales se pueden controlar a partir de la descripción de las condiciones bajo las cuales se desarrolla la investigación.

Ejemplo: el experimento se condujo en un aula cómoda, bien iluminada en ambos grupos...

Las **variables de tipo grupal**; es decir, la auto elección, mortalidad y maduración. En estos casos es importante tomar los sujetos al azar. Es conspicuo verificar que el investigador tomó pasos estándares para cerciorarse que los grupos fueran representativos y equivalentes en todas las potencialidades. En el caso de la mortalidad, sería importante no tener demasiadas bajas, es necesario describir las causas de las mismas.

En el caso de las **variables de sujetos**; es decir, el efecto Hawthorne, Halo, expectación del investigador y expectación del sujeto, se pueden neutralizar de la siguiente forma:

En el caso del **efecto Hawthorne y la expectación del investigador**, se puede aplicar la técnica del doble ciego (ni el investigador, ni los investigados conocen en qué grupo está cada quien hasta que se recogen los datos).

En el caso de la **expectación de los sujetos y el efecto Halo**, se aplican pruebas con el objetivo de distraer a los sujetos del objetivo principal/ real del estudio.

En el caso de las **variables de medidas**; es decir, el efecto práctico, reactivo e inestabilidad de medidas se pueden controlar de la siguiente forma:

Para el **efecto práctico** se puede hacer de dos formas: primero, se aplica una prueba y se deja suficiente tiempo con el objetivo de que los discentes olviden qué había en la prueba. Segundo, la aplicación de una prueba de contra equilibrio: el propósito es que ningún discente coja la misma prueba dos veces.

El **efecto reactivo**, se puede controlar con el estudio cuidadoso de las mismas medidas, con la aplicación de pruebas pilotos, y con la revisión de la literatura.

La **inestabilidad de medidas** se comprueba a través de estimados estadísticos, cuantitativos y cualitativos.

De forma general, se **neutralizan las variables antes mencionadas y otras variables ajenas** y con ello lograr la validez interna del experimento de la siguiente forma:
- ❖ Varios grupos de experimentación.
- ❖ Equivalencia de los grupos.
- ❖ Equivalencia inicial.
- ❖ Equivalencia durante el experimento.
  - ➢ Para lograr la equivalencia inicial, se puede hacer a través de:
    - o Asignación al azar.
    - o Emparejamiento, este se realiza de la siguiente forma:
      1. Se escoge una variable relacionada con la variable dependiente para emparejar.

2. Se mide la variable escogida.
3. Se ordenan los sujetos según la variable que se va a emparejar.
4. Se forman las parejas.

## 2.9. Las Tareas Científicas

Las tareas científicas son acciones científicas que desarrolla el investigador durante el proceso de investigación. Como acciones, se deben expresar en forma de infinitivo y explicitar el conocimiento del que se va a pertrechar el investigador con dicha acción. Estas serán definidas en correspondencia con la dinámica de la investigación. Se sugieren hasta cinco tareas, esto depende del tipo de estudio que se realiza, de la profundidad de la investigación que se lleva a cabo. Estas son:

1) Caracterizar el objeto de investigación hasta llegar al campo de acción para determinar las regularidades y tendencias (las últimas solo en tesis doctorales) del referido proceso.
2) Determinar los fundamentos epistemológicos para sustentar la propuesta.
3) Diseñar el aporte teórico (solo para tesis doctorales) para solucionar el problema científico.
4) Elaborar el aporte práctico para poner en práctica el aporte teórico y solucionar el problema.
5) Corroborar la factibilidad y validez interna de las tareas 3 y 4.

## Capítulo III. Diseño metodológico de la Investigación Científica. Métodos y Técnicas de nivel Teórico

### 3.1. Métodos, Técnicas e Instrumentos. Conceptualización

Los métodos y las técnicas constituyen la séptima y última categoría que se aludirán en el presente texto.

El **método** es la organización interna del proceso investigativo. Es una sucesiva reconfiguración de procedimientos que involucran dentro de él diversas técnicas e instrumentos que finalmente le otorgan validez.

La **técnica** es lo particular, es diseñada fundamentalmente con el objetivo de otorgar validez al método.

El método y técnica forman una unidad dialéctica. El primero en algunos casos puede ocupar el lugar del segundo y viceversa. Para ser método tiene que tener algo que atribuya al mismo; no así en el caso de la técnica. Por ejemplo: si se va a aplicar un experimento para revelar determinadas relaciones, demostrar la validez interna y factibilidad de determinadas variables es necesario aplicar junto a el, observaciones, encuestas, entrevistas, cuestionarios, tests, etc. todas estas serían: técnicas y el experimento: método. Por otro lado, cuando se va a entrevistar, es necesaria la observación, el cuestionario, etc. en este caso la entrevista es: método y la observación, el cuestionario constituyen: técnicas; como se puede apreciar entre el método y la técnica existe una unidad dialéctica. Sin embargo, el experimento siempre recibe tributos, por cuanto, el es método por excelencia.

El instrumento es la materialización de un método o una técnica. Es el material impreso para la recopilación de la información.

Los métodos se taxomizan de diversas formas en correspondencia con los niveles de campo y de estructuración.

**Niveles de campo de los métodos, Según E. Machado (2001):**

**Filosófico**: orientación más general del investigador ante la realidad que se investiga. Este constituye la base del resto de los niveles.

**Cienciológico**: está implícito y es dónde se encuentran los métodos teóricos. De ahí que algunos investigadores no expliciten los métodos teóricos.

**Metodológico**: es donde se concretan los niveles anteriores.

**Niveles de estructuración de los métodos:**

Empírico-experimental.

Teórico.

Matemático-estadístico.

Los **métodos de nivel teórico** permiten revelar las relaciones esenciales del objeto de investigación no observables directamente. Participan en la etapa de asimilación de hechos, fenómenos y procesos en la estructuración del modelo e hipótesis de investigación. Los mismos crean las condiciones para ir más allá de las características fenomenológicas y superficiales de la realidad, permiten explicar los hechos y profundizar en las relaciones esenciales y cualidades fundamentales de los procesos, hechos y fenómenos. Así pues, los métodos teóricos contribuyen al desarrollo de las teorías científicas.

Los **métodos de nivel empírico** revelan y explican las características fenomenológicas del objeto. Este se emplea fundamentalmente en la primera etapa de acumulación de información empírica y en la comprobación experimental de la hipótesis de trabajo.

Los **métodos estadísticos** revelan las tendencias y relaciones en los fenómenos. Este puede ser descriptivo e inferencial.

Los métodos estadísticos descriptivos organizan y clasifican los indicadores cuantitativos obtenidos en la investigación empírica, revela las propiedades, relaciones y tendencias de los fenómenos.

Los métodos estadísticos inferencial se emplean en las interpretaciones y valoraciones cuantitativas entre propiedades sobre la base del cálculo de la probabilidad de ocurrencia.

| Niveles | Carácter | Tipos |
|---|---|---|
| I. Empírico-experimental | Fundamental o general | Observación, experimentación, escalas sintéticas y analíticas, criterio experto, otros. |
| I. Empírico-experimental | Fundamental o general | Encuesta, entrevista, sociometría, estudio de documentos, estudio de los resultados de la actividad, |

| | | tests, otros. |
|---|---|---|
| II. Teóricos | Fundamental o general | Hermenéutico, análisis, síntesis, inducción, deducción, modelación, sistémico estructural, genético, otros. |
| III. Meta teóricos | Fundamental o general | Son la aplicación en la investigación de las propias teorías (son también métodos teóricos) |
| IV. Matemático-estadístico | Complementarios o particulares | Mediana, Media, Moda, ji-cuadrado, análisis factorial, correlación, regresión lineal, wilcoxom, otros. |

## 3.2. Métodos y Técnicas de Nivel teórico

### 3.2.1. Importancia de los Métodos de Nivel Teórico

La conformación de una teoría que explique el objeto que se estudia presupone modelar dicho objeto, es decir, abstraer un conjunto de características y relaciones de ese objeto, que explique los fenómenos y hechos que se investigan.

Los métodos empíricos participan en el descubrimiento y acumulación de los hechos y el proceso de verificación de la hipótesis, pero que no son suficientes para poder profundizar en las relaciones esenciales de los fenómenos sociales. De ahí, la necesidad de utilizar los métodos teóricos.

Los métodos teóricos cumplen una función epistemológica importante, ya que posibilitan la interpretación conceptual de los datos empíricos encontrados.

Los métodos teóricos cumplen una función gnoseológica conspicua, por cuanto posibilitan la interpretación conceptual de los datos empíricos encontrados. Por consiguiente, los métodos teóricos al utilizarse en la construcción y desarrollo de las teorías, crean las condiciones para ir más allá de las características fenoménicas y superficiales de la realidad, explicar los hechos y profundizar en las relaciones esenciales y cualidades fundamentales de los procesos no observables directamente. Ellos contribuyen al desarrollo de las teorías científicas.

En los métodos teóricos están comprendidos toda una serie de procedimientos que posibilitan la asimilación teórica de la realidad y que se adecuan a las condiciones en que se va a desarrollar la investigación. En las ciencias sociales se aplica una variedad de métodos, estos son: el análisis y la síntesis, la inducción y la deducción, el hipotético-deductivo, el análisis histórico y el lógico, el del tránsito de lo abstracto a lo concreto, la modelación y el de enfoque de sistema, entre otros. Cada uno de los ellos cumple funciones gnoseológicas determinadas, por lo que en el proceso de realización de la investigación se complementan entre sí.

En muchas oportunidades, los métodos teóricos antes señalados, se utilizan en calidad de enfoque general de la investigación. La diferenciación entre método y enfoque no es empleada por algunos autores, los cuales utilizan uno u otro término indistintamente. Sin embargo, la distinción entre ambos conceptos es necesaria.

Enfoque es la orientación metodológica de la investigación; constituye la estrategia general en el proceso de abordar y plantear el problema de investigación. Por una parte, el método es más determinado y concreto que el enfoque en él están comprendido los procedimientos que posibilitan la asimilación teórica y práctica de la realidad. Mientras que en el enfoque expresa la dirección de la investigación, el método precisa cómo, de qué forma esta se realizará.

### 3.2.2. El Análisis y la Síntesis

Estos dos procedimientos teóricos que cumplen funciones importantes en la Investigación Científica.

El análisis es un procedimiento teórico mediante el cual un todo complejo se descompone en sus diversas partes y cualidades. El análisis permite la división mental del todo en sus múltiples relaciones y componentes.

La síntesis establece mentalmente la unión entre las partes previamente analizadas y posibilita descubrir las relaciones esenciales y características generales entre ellas. La síntesis se produce sobre la base de los resultados obtenidos en el análisis y posibilita la sistematización del conocimiento. La síntesis no es el retorno al todo, sino a sus relaciones esenciales. Es una nueva cualidad.

En el proceso de Investigación Científica predomina el análisis o la síntesis, atendiendo a la tarea cognoscitiva que aborde el investigador.

Estas operaciones no existen independientemente una de otra: el análisis de un objeto se realiza a partir de la relación que existe entre los elementos que conforman dicho objeto como un todo; y a su vez, la síntesis se produce sobre la base de los resultados previos del análisis.

T. Hobbes (1926: 48) "...todo método que empleamos para estudiar las causas de las cosas sirve bien para unir, bien para desunir, o es parte copulativo y en parte disyuntivo. Habitualmente, el método disyuntivo se llama analítico y el copulativo, sintético". Tanto un método como el otro están vinculados al raciocinio y equivalen al paso de lo conocido a lo desconocido (descubrimiento de la acción por medio de las causas conocidas o descubrimientos de las causas a base de acciones conocidas). Todo razonamientos ya une, y combina, ya divide, y descompone. Newton ha expresado con nitidez el vínculo del análisis con la inducción y de la síntesis con la deducción, haciendo anteceder el análisis a la síntesis. El método analítico consiste en hacer experimentos, observaciones y en deducir de ellos conclusiones generales; gracias a este método se pasa de lo complejo a lo simple, de las acciones a las causas, de las causas particulares a otas más generales. El método de la síntesis, escribe I. Newton (1929: 58) "consiste en explicar, con ayuda de los principios, los fenómenos que estos principios originan y en demostrar las explicaciones". Así, pues, por medio del análisis se encuentran las verdades nuevas y por medio de la síntesis se argumentan, se demuestran.

La interrelación dialéctica del análisis y la síntesis en el proceso del conocimiento fue descubierta por Hegel, quien considera el conocimiento analítico y sintético como factores en la obtención de conocimientos verídicos.

Hegel muestra, ante todo, la pobreza y el carácter abstracto de la definición dad al análisis como paso de lo conocido a lo desconocido y a la síntesis como el paso de lo desconocido a lo conocido. Cabe decir, observa Hegel (1939: 512), que "el conocer empieza, en general, con la falta de conocimiento". Es igualmente adecuada la afirmación contraria (1939: 332):"el conocimiento procede de lo conocido a lo desconocido". El conocimiento empieza por el proceso analítico que consiste "... en descomponer el objeto concreto dado, en aislar sus diferencias y comunicarle la forma de una universalidad abstracta".

La misión del análisis, lo mismo que de la síntesis, es reproducir el objeto en el intelecto, de acuerdo con la naturaleza y las leyes del propio mundo objetivo. Si el pensamiento se aparta de las leyes objetivas y efectúa el análisis y la síntesis en concordancia con leyes ajenas a la naturaleza del propio objeto (si extrae elementos que no existen en el objeto o bien aglutina aquello que está separado en el mundo material) se apartará de la verdad objetiva hacia la región de las construcciones intelectivas, creando formas arbitrarias.

### 3.2.3. La Abstracción

La abstracción es un procedimiento conspicuo para la comprensión del objeto. Mediante ella se destaca la propiedad o relación de las cosas y fenómenos. Es la separación mental de una de las partes de dicho objeto para ser examinado.

El procedimiento de abstracción no se limita a destacar y aislar alguna propiedad y relación del objeto asequible a los sentidos, sino que trata de descubrir el nexo esencial oculto e inasequible al conocimiento empírico.

Por medio de la abstracción el objeto es analizado en el pensamiento y descompuesto en conceptos; por el contrario, la integración de los mismos es el modo de lograr un nuevo conocimiento concreto, veamos:

Mediante la integración, en el pensamiento, de las abstracciones, puede el hombre elevarse de lo abstracto a lo concreto; en dicho proceso el pensamiento reproduce el objeto en su totalidad, en un plano teórico. Lo concreto es la síntesis de muchos conceptos y por consiguiente de las partes. Las definiciones abstractas conducen a la reproducción de lo concreto por medio del pensamiento. Lo concreto en el pensamiento, es el conocimiento más profundo y de mayor contenido esencial.

El movimiento de lo concreto sensorial hacia lo abstracto y de ahí hacia lo concreto en el pensamiento, se efectúa sobre la base de la práctica y comprende también procedimientos como el análisis y la síntesis.

En el proceso del conocimiento de los fenómenos, de los objetos, el hombre, al realizar la división mental del fenómeno u objeto en sus propiedades, relaciones, partes, grados de desarrollo, realiza el análisis del objeto y fenómenos. La creación de lo concreto en el pensamiento se efectúa sobre la base de la síntesis, integrando en una unidad totalizadora las diversas propiedades y relaciones descubiertas en el objeto de que se trate.
El conocimiento transcurre en dos niveles: el conocimiento concreto sensible y el conocimiento abstracto racional o lógico.

El **conocimiento concreto sensible** es la primera etapa del conocimiento, donde el hombre, mediante la práctica obtiene el reflejo del mundo circundante a través de sensaciones, percepciones y representaciones.

El **conocimiento abstracto o racional** es aquel mediante el cual el hombre realiza los procesos lógicos del pensamiento tales como: el análisis, la síntesis, generalización, así como extrae conclusiones sobre la esencia y los vínculos internos de los objetos y fenómenos.

La **abstracción**:

❖ Es un procedimiento importante para la comprensión del objeto de investigación, ya que se llegan a destacar sus propiedades y relaciones.

❖ Permite reflejar las cualidades y regularidades generales, estables y necesarias del objeto de investigación.

❖ No se limita a destacar y aislar alguna propiedad y relación del objeto asequible a los sentidos, sino que trata de descubrir lo esencial oculto e inasequible al conocimiento empírico.

En síntesis, la **abstracción** permite rebasar el nivel de lo concreto sensible y llegar a las cualidades esenciales del objeto de investigación y a sus regularidades, revelando las leyes que rigen el fenómeno.

Sin embargo, la abstracción no es suficiente para la ciencia, es necesario llegar, a través de la investigación, a representarse las múltiples relaciones de la realidad y no dar sólo explicaciones de ella a partir de cualidades abstractas. Es por eso importante el tránsito de lo abstracto a lo concreto en el pensamiento, lo que también se denomina *lo concreto pensado.*

**Lo concreto pensado**:

❖ Representa la realidad en la variedad de sus nexos y relaciones fundamentales.

❖ Refleja el enlace y las múltiples dependencias entre los hechos, procesos y fenómenos, así como las contradicciones que condicionan su desarrollo.

❖ Integra en el pensamiento un conjunto de abstracciones.

❖ Permite la síntesis de muchos conceptos y de sus partes.

❖ Condiciona un conocimiento más profundo y de mayor contenido esencial.

**De ahí que reproducir un hecho, proceso o fenómeno en el pensamiento, en toda su objetividad y concreción significa comprenderlo en su desarrollo e historia.**

El tránsito de lo concreto sensorial hacia lo abstracto y de ahí hacia lo concreto pensado se efectúa sobre la base de la práctica y comprende, fundamentalmente, procedimientos como el análisis y la síntesis. En el siguiente esquema se resume esta idea. Ver figura 9.

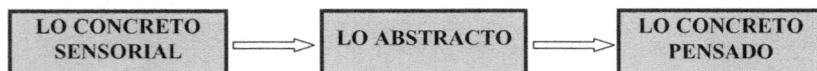

| LO CONCRETO SENSORIAL | ⟹ | LO ABSTRACTO | ⟹ | LO CONCRETO PENSADO |

Figura 9.

### 3.2.4. La Inducción y la Deducción

La inducción y la deducción son procedimientos teóricos de fundamental importancia para la investigación.

La inducción es un procedimiento mediante el cual a partir de hechos singulares se pasa a proposiciones generales, lo que ayuda a la formulación de la hipótesis. Este procedimiento de la investigación siempre está unido a la deducción, ambos son momentos del conocimiento dialéctico de la realidad indisolublemente ligados y condicionados entre sí.

La inducción ha de basarse en la mayor cantidad posible de hechos concienzudamente estudiados, comprobados y ordenados de algún modo; en los razonamientos inductivos se han de evitar las generalizaciones rápidas, empleando el procedimiento de la delimitación y la exclusión.

La inducción, es el razonamiento que pasa de los hechos singulares obtenidos por vía experimental a las generalizaciones.

Gracias a la inducción se argumentan hipótesis de gran importancia cognoscitiva, que después de verificadas se convierten en teorías científicas fidedignas.

La deducción es un procedimiento que se apoya en las aseveraciones generalizadoras a partir de las cuales se realizan demostraciones o inferencias particulares. Las inferencias deductivas constituyen una cadena de enunciados, cada una de las cuales es una premisa o conclusión que se sigue directamente según las leyes de la lógica formal.

La deducción sirve para inferir obligatoriamente un elemento de otro que se conoce anteriormente como fidedigno.

La inducción y la deducción forman la unidad dialéctica de dos aspectos de un mismo proceso del pensamiento en forma de raciocinio que en el devenir del conocimiento se transmutan recíprocamente. Pero su unidad y conversión recíproca no excluyen, sino que presuponen del modo más decisivo su oposición. La inducción es un raciocinio que pasa del conocimiento de un grado de generalización menor a otro conocimiento de mayor grado de generalización; en la deducción el proceso es contrario.

En la actividad científica la inducción y la deducción se complementan entre sí: del estudio de numerosos casos particulares, a través de la inducción, se llega a determinar generalizaciones y leyes empíricas, las que constituyen puntos de partida para definir o confirmar formulaciones teóricas. De dichas formulaciones teóricas se deducen nuevas conclusiones lógicas, las que son sometidas a comprobaciones experimentales.

De ahí que solamente la complementación mutua entre estos procedimientos nos puede proporcionar un conocimiento verdadero sobre la realidad.

En diferentes momentos de la investigación puede predominar uno u otro procedimiento, atendiendo a las características de las tareas que se encuentra realizando el investigador.

### 3.2.5. Histórico-Lógico

El conjunto de procedimientos ya explicados se utilizan indistintamente en el desarrollo de los métodos teóricos que a continuación se exponen:

El investigador de toda rama de la ciencia tropieza constantemente con el siguiente problema: de qué modo se ha de abordar el estudio del objeto, cómo se debe iniciar la reproducción de su historia en el intelecto. Para resolver la esencia de un objeto es preciso reproducir el proceso histórico real de su desarrollo, pero esto último sólo es posible si conocemos la esencia del objeto dado.

El estudio de la trayectoria histórica del objeto crea, por su parte, premisas indispensables para una comprensión más profunda de su esencia; por ello, una vez conocida la historia del objeto es preciso volver a definir nuevamente su esencia, corregir, completar y desarrollar los conceptos que la expresan. Así, pues, la teoría del objeto proporciona la clave para el estudio de su historia, y la investigación se su historia enriquece la teoría, la enmienda, completa y desarrolla. Diríase que el pensamiento se mueve en círculo: de la teoría (lógica) a la historia, de ella nuevamente a la teoría (giro hermenéutico); y en consonancia con la ley de la negación de la negación no se produce el simple retorno a las definiciones iniciales, sino a la creación de conceptos nuevos, fruto de un estudio más profundo y detallado de la historia del objeto. Una teoría más desarrollada permite enfocar la historia de un modo nuevo, descubrir en ella aspectos y elementos que no se habían visto en el estudio anterior. Y un conocimiento mejor de la historia conducirá a una teoría más detallada; de este modo, sobre la base de las interacciones de lo histórico y lo lógico se va profundizando nuestro conocimiento en cuanto a la esencia del objeto y su historia.

El método histórico (tendencial) está vinculado al conocimiento de las distintas etapas de los objetos en su sucesión cronológica; para conocer la evolución y desarrollo del objeto o fenómeno de investigación se hace necesario revelar su historia, las etapas principales de su desenvolvimiento y las conexiones históricas fundamentales. El método histórico caracteriza al objeto en sus aspectos más externos, más fenomenológicos.

El método lógico investiga las leyes generales y esenciales del funcionamiento y desarrollo de los fenómenos, hechos y procesos. Lo lógico reproduce en el plano teórico lo más importante del fenómeno, hecho o proceso de lo histórico, lo que constituye su esencia. Estos métodos reflejan el objeto en sus conexiones más profundas, ofrece la posibilidad de comprender su historia. Los métodos lógicos expresan en forma teórica, la esencia del objeto, la necesidad y la regularidad, explica la historia de su desarrollo, reproduce el objeto en su forma superior y madura. Estos métodos permiten unir el estudio de la estructura del objeto de investigación y la concepción de su historia.

El problema de las interacciones entre lo histórico y lo lógico posee numerosas facetas, no se limita a las relaciones recíprocas entre la teoría del objeto y su historia. Lo lógico, además de reflejar la historia del propio objeto, refleja también la historia de su conocimiento. Por ello, la unidad de lo lógico y lo histórico constituye una premisa indispensable para comprender la trayectoria del pensamiento, para crear una teoría científica. El conocimiento de la dialéctica de lo histórico y lo lógico permite resolver el problema de la correlación entre el desarrollo del pensamiento individual y el social; el hombre, en su devenir intelectual individual, repite en forma comprendida toda la historia del pensamiento humano. La unidad de lo lógico y lo histórico constituye la imprescindible premisa metodológica en la solución del problema de las relaciones recíprocas entre el conocimiento de la estructura del objeto y la historia de su desarrollo.

La unidad de lo lógico y lo histórico, comprendida al modo materialista, ayuda a resolver el problema de la estructura interna de la ciencia, del sistema de categorías, posibilita la precisión del sesgo de la ciencia.

El estudio de la historia del objeto en toda su diversidad con sus zig-zags y cualidades, ha de conducir a la comprensión de su lógica, de sus leyes, de su desarrollo interno y su causalidad.

Mediante el método histórico se analiza la trayectoria concreta de la teoría, su condicionamiento a los diferentes períodos de la historia. Los métodos lógicos se basan en el estudio histórico, poniendo de manifiesto la lógica interna del desarrollo de su teoría y halla el conocimiento más profundo de esta, de su esencia. La estructura lógica del objeto implica su modelación.

Para aplicar adecuadamente el método histórico-lógico en una investigación es necesario determinar indicadores para poder realizar el estudio histórico, a partir de los cuales se determinan diferentes períodos que estos tienen que ver con el desarrollo de los indicadores que posibilita la aparición de otro período. Cara período histórico debe concluir con las **regularidades** y al final de todas las etapas: las **tendencias**.

La **regularidad** es aquella forma de manifestación de la conexión lógica entre los estados anteriores y posteriores de los sistemas. Por tanto, se pueden manifestar de forma dinámica o estática.

La **REGULARIDAD DINÁMICA** es aquella forma de conexión causal, así como de la conexión de los estados, cuando el estado dado del sistema determina univalentemente todos los estados posteriores, en virtud de lo cual el conocimiento de las condiciones iniciales permite predecir con exactitud el desarrollo subsiguiente del sistema. Esta actúa en todos los sistemas autónomos, que dependen poco de los efectos exteriores y tienen un número relativamente pequeño de elementos.

La **REGULARIDAD ESTÁTICA** es una forma de conexión causal, en la que el estado dado del sistema no determina univalentemente todos sus estados posteriores, sino que con cierto grado de probabilidad, que es la medida objetiva de la posibilidad en realizar **TENDENCIAS** del cambio aparecidas en el pasado. Esta rige en todos los sistemas no autónomos, que dependen de condiciones exteriores en constante cambio y tienen un número ciclópeo de elementos. Por tanto, la **TENDENCIA** es el movimiento del cambio de la regularidad en el sistema hacia una dirección determinada.

Desde el punto de vista de la redacción científica, las regularidades se redactan sustantivadamente. Por su parte, las **TENDENCIAS** como indican movimiento se redactan en infinitivo.

### 3.2.6. Método de la Modelación

La **modelación** es el proceso mediante el cual se crea una representación o modelo para investigar la realidad. El mismo ha sido definido por varios autores, así por ejemplo:

A. Ruiz (1999) "Es la configuración ideal que representa de manera simplificada una teoría".

Álvarez (1997) "Es la representación de un objeto real que en el plano abstracto el hombre concibe para caracterizarlo y poder, sobre esta base, darle solución a un problema planteado, es decir satisface una necesidad".

G. Pérez (1996) "Es un instrumento de la investigación creado para reproducir el objeto que se está estudiando, por tanto, es una representación simplificada de la realidad que cumple una función heurística que descubre nuevas relaciones y cualidades del objeto de estudio".

Según R. Bisquerra (1989), un modelo científico es la configuración ideal que representa de manera simplificada una teoría. Es un instrumento de trabajo que supone una aproximación intuitiva a la realidad y que tiene por función básica la de ayudar a comprender las teorías y las leyes.

El crecimiento del papel del método lógico de la modelación en la Investigación Científica, está determinado ante todo, por la lógica interna del desarrollo de la ciencia; en particular, por la frecuente necesidad de un reflejo mediador de la realidad objetiva que es el modelo.

En el análisis del método de la modelación encontramos un eslabón intermedio entre el sujeto y el objeto de investigación; que es el modelo. La modelación es justamente el método mediante el cual creamos abstracciones con el objetivo de explicar la realidad. El modelo como sustituto del objeto de investigación se nos muestra como algo semejante a él, donde existe una correspondencia objetiva entre el modelo y el objeto, aunque el investigador es el que propone especulativamente dicho modelo.

El Modelo representa parcialmente la realidad. Se utiliza para predecir (función investigativa). Es una abstracción, es una esencia. El esquema forma parte del modelo, pero no lo constituye.

En el modelo se revela la unidad de lo objetivo y lo subjetivo. Lo objetivo, en su contenido, se expresa en la relación entre las estructuras del modelo y el objeto   lo subjetivo, está vinculado con la necesidad práctica y real que tiene el investigador de resolver el problema que determina qué aspecto del objeto escoge para modelarlo. Es por ello que la condición fundamental de la modelación es la relación entre el modelo y el objeto que es modelado;  la medida en que se logre dicha comunidad está dada por la necesidad práctica para la cual se ejecuta la operación de modelación y la posible solución del problema de la investigación, la que es determinada por el sujeto, escogiendo una alternativa de acuerdo con sus criterios.

La aplicación del método de la modelación está íntimamente relacionada con la necesidad de encontrar un reflejo mediatizado de la realidad objetiva. De hecho el **modelo** constituye un eslabón intermedio entre el sujeto (investigador) y el objeto de investigación. La modelación es justamente el método mediante el cual se crea abstracciones con vistas a explicar la realidad.

**La modelación tiene las siguientes características:**
- ❖ Permite obtener como resultado un modelo que media entre el sujeto y el objeto real que ha sido modelado.
- ❖ Trata de representar claramente el objeto de estudio dentro de una realidad históricamente condicionada.
- ❖ Representa el sistema de relaciones de los elementos constitutivos de un problema objeto de estudio.
- ❖ Evidencia las contradicciones que están inmersas dentro de un proceso educativo, analizando los nexos y las relaciones de los elementos del fenómeno.

**Componentes del modelo**
1. Principios
2. Objetivos
3. Estrategia o metodología
4. Formas de implementación del modelo
5. Formas de evaluación

**Estructura del esquema que representa al modelo**
1. Objeto de investigación
2. Contradicción esencial
3. Sinergia
4. Sistema que lo integran

De forma general el **modelo** debe:

❖ Tener una determinada correspondencia con el objeto del conocimiento.

❖ Ofrecer información acerca de la estructura y las relaciones que se dan en el objeto de estudio.

❖ Ser operativo y mucho más fácil de estudiar que el fenómeno real.

❖ Poder sustituir al objeto de estudio, en determinadas etapas del conocimiento.

Los principales **tipos de modelos**, según G. Pérez (1996), son los siguientes:

❖ El **modelo icónico** que es una reproducción a escala del objeto real, donde se muestra la misma figura, proporciones y características que tiene el objeto real.

❖ El **modelo analógico** que consiste en un esquema, diagrama o representación donde se refleja la estructura de relaciones y determinadas propiedades fundamentales de la realidad.

❖ El **modelo teórico** que utiliza símbolos para designar las propiedades del sistema que se desea estudiar. Tiene la capacidad de representar las características y relaciones fundamentales del objeto, proporcionar explicaciones y servir como guía para generar hipótesis teóricas.

Aunque el modelo muestra aspectos importantes para la teoría y ayuda a su comprensión. Es necesario tener presente que es una visión simplificada y, por tanto incompleta, de la realidad, puede presentarse compleja y de difícil comprensión.

### 3.2.7. Método Hipotético-Deductivo

Este método tiene un alto grado de significación en aquellas ciencias muy sistematizadas y cuyo objeto de estudio es relativamente sencillo y posible de abstraer y modelar.

Haciendo uso de este método un investigador propone una hipótesis como consecuencia de sus inferencias del conjunto de datos empíricos o de principios o leyes más generales. En el primer caso arriba a la hipótesis mediante procedimientos inductivos y en el segundo con procedimientos deductivos.

En el proceso de aplicación del referido método, el investigador primero  formula una hipótesis, y después, a partir de inferencias lógicas deductivas, arriba a conclusiones particulares, que posteriormente se pueden comprobar experimentalmente.

El referido método consiste en un sistema de procedimientos metodológicos, que consiste en plantear algunas afirmaciones en calidad de **hipótesis** y verificadas mediante la deducción, a partir de ellas, de las conclusiones y la confrontación de estas últimas **hechas**. La valoración de la hipótesis de partida sobre la base de tal confrontación es bastante compleja y multiescalonada, pues solo un proceso prolongado de prueba de hipótesis puede conducir a su acepción o refutación fundamentadas.

### 3.2.8. Método Enfoque Sistémico y Estructural - Funcional

El **método de enfoque de sistema** proporciona la orientación general para el estudio de los fenómenos sociales como una realidad integral formada por componentes que cumplen determinadas funciones y mantienen formas estables de interacción.

Por sistema se entiende aquel conjunto de componentes de un objeto, que se encuentran separados del medio, están interrelacionados fuertemente entre ellos, cuyo funcionamiento está dirigido al logro de determinados objetivos, que posibilitan resolver una situación problémica.

Este método está dirigido a modelar el objeto mediante la determinación de sus componentes, así como las relaciones entre ellos, las que determinan por un lado la estructura del objeto y por otro su dinámica, su movimiento.

Tendencias en el desarrollo del pensamiento sistémico contemporáneo:
La Teoría General de Sistema:
   ❖ Método filosófico que se opone al método Dialéctico- Materialista.
   ❖ Modelo aplicable a la ciencia, sin alcance filosófico.

El método de investigación sistémico está dirigido a modelar el objeto mediante la determinación de sus componentes, así como las relaciones entre ellos, que conforman una nueva cualidad como totalidad. Esas relaciones determinan por un lado la estructura y la jerarquía de cada componente en el objeto, y por otra parte, su dinámica, su funcionamiento.

La estructura es consecuencia del orden que establecen las relaciones entre los componentes donde unos adquieren mayor jerarquía y otros se subordinan, lo que conforma la organización del sistema, del modelo y del objeto que quiere reflejar.

Además, las relaciones son la expresión también del comportamiento del sistema como totalidad en que un componente es función dependiente de otro u otros. Esas relaciones se convierten en las leyes del movimiento del objeto.

El comportamiento del objeto sobre la base de las leyes o relaciones se manifiesta en las funciones del sistema. De ese modo la función no es más que la actividad que manifiesta el sistema (el objeto) en su movimiento, en sus relaciones con el medio, sobre la base de su estructura interna.

**Componentes del sistema**:

Son aquellos elementos principales cuya interacción caracteriza cualitativamente el sistema. Este debe estar integrado por los siguientes elementos:

   ❖ estructura del sistema,
   ❖ relaciones funcionales,

❖ medio,
❖ nivel de Jerarquía.

**Estructura del sistema:**
Es el modo de organización e interacción entre los componentes que lo integran y es consecuencia del orden que establecen las relaciones en que determinados componentes adquieren una mayor jerarquía y otros se subordinan. Se identifica por:
❖ ser la característica de mayor estabilidad del sistema posibilitando que este mantenga su integridad,
❖ estar dada por el conjunto ordenado de relaciones entre los componentes del mismo

**Relaciones funcionales**
Las **relaciones funcionales** pueden ser de dos tipos: de coordinación y de subordinación.

❖ Las **relaciones funcionales de coordinación** se presentan en la vinculación que debe existir entre los componentes del sistema de igual grado de jerarquía.

❖ Las **relaciones funcionales de subordinación** se presentan en entre componentes del sistema de diferentes grados de jerarquía, donde un conjunto de elementos conforman un subsistema que a la vez se subordina a un sistema mayor.

La investigación debe revelar las relaciones funcionales que cumple todo sistema
❖ relaciones funcionales entre componentes
❖ relaciones funcionales entre las funciones de los componentes
❖ relaciones funcionales del sistema
❖ relaciones funcionales entre el sistema y el medio

**Medio**: es todo aquello que no forma parte del sistema

**Nivel de jerarquía**: los distintos grados en que los sistemas se pueden ir integrando. La condición radica en que todos los nuevos sistemas que se van obteniendo tienen que cumplir los criterios anteriormente apuntados. Todo sistema presenta una estructura jerárquica, ya que está integrado por diferentes partes y componentes que pueden ser considerados a su vez como subsistemas. Los sistemas inferiores sirven de base a los superiores y éstos a su vez subordinan y condicionan a los inferiores.

Tipos de Sistemas
❖ Sistemas concretos,
❖ Sistemas abstractos,
❖ Sistemas cerrados.
❖ Sistemas abiertos.

Limitaciones, según O. Fuentes (et-al) (2004):
❖ La reducción al enfoque sincrónico, que no permite revelar la historicidad del proceso.
❖ La aplicación de un enfoque mecanicista y por tanto unilateral, que hace reducir el estudio de los elementos componentes del sistema a la suma de las partes que lo integran.
❖ Una concepción limitada del modelo de la totalidad desde el punto de vista metodológico en el proceso de comprensión de la realidad, que implicaría una visión también insuficiente del objeto que no permitirá interpretar el proceso con la requerida profundidad.

Así por ejemplo el sistema didáctico está integrado por distintos componentes (configuraciones): objetivos, contenidos, métodos, medios de enseñanza, formas de organización y evaluación. Todos estos componentes tienen una relación de subordinación con respecto al sistema didáctico en su conjunto y ellos entre sí deben tener una relación de coordinación.

Independientemente que algunos de ellos se subordinen a otros como es el ejemplo de los métodos que se subordinan a los contenidos de enseñanza y éstos a su vez a los objetivos. Cada uno por separado constituye un subsistema de otro mayor, así los objetivos conforman un sistema que a su vez es un subsistema que se subordina al sistema didáctico.

### 3.2.9. Método Genético

La modelación del objeto de investigación con un enfoque genético, método genético, implica la determinación de cierto campo de acción elemental que se convierte en la célula del objeto. En dicha célula están presentes todos los componentes fundamentales del mismo, así como sus leyes más trascendentes. La célula es tan sencilla, que su desmembramiento en subsistemas aún más pequeños es imposible, ya que los mismos no poseen las propiedades más generales que caracterizan al todo.

El análisis del objeto con un enfoque genético permite deducir y explicar, a partir de las leyes del comportamiento de la célula, el desarrollo de esta a sistemas de mayor grado de complejidad.

El método genético se ocupa de estudiar el desarrollo de los hechos, procesos y fenómenos sociales en el decursar de su evolución, así como los factores que lo condicionan, atendiendo a la unidad existente entre el análisis histórico y lógico. Implica la determinación de una célula básica del objeto de investigación, en la cual están presentes todos los componentes del objeto, así como sus leyes más trascendentes. Puede instrumentarse su aplicación a través de un estudio longitudinal.

### 3.2.10. Método Causal

Todo fenómeno natural o social es provocado por uno u otros fenómenos, dado la relación causal que existe entre ellos.

Se entiende por relación causal la que existe entre aquellos elementos o componentes del objeto o entre objetos donde uno provoca sobre otro un hecho o acontecimiento, la causa y el efecto, debido a que, todo fenómeno, hecho o proceso de la naturaleza y la sociedad es provocado por otro que se considera su causa. Se le llama causa al fenómeno o conjunto de fenómenos que preceden a otros y le dan origen y efecto al fenómeno que se produce por la acción de estos.

El conocimiento de las relaciones causales entre fenómenos, hechos o procesos es una de las vías que permite explicar científicamente los fenómenos naturales y sociales, conocer las leyes que lo rigen y ponerlos en función de las necesidades del desarrollo de la sociedad.

En consecuencia, la aplicación del **método causal** consiste en establecer un modelo que precise las características (propiedades, cualidades y variables) que posee el objeto de investigación, estableciendo sus relaciones, determinando cuáles de ellas son causas y cuáles efectos.

**Capítulo IV. Diseño metodológico de la Investigación Científica. Métodos y Técnicas de Nivel Empírico**

## 4.1. Métodos de Investigación de Nivel Empírico

### 4.1.1 Características de los métodos empíricos

1. Forman una unidad dialéctica con los métodos teóricos.

La concepción filosófica de partida del investigador es n factor que determina la importancia que este le dará a uno otro tipo de método. Así el racionalismo hiperboliza unilateralmente y convierte en absoluto el papel de los métodos teóricos. Por su parte el empirismo contemporáneo (neopositivismo o positivismo lógico) exagera el papel de los métodos empíricos. Desde el punto de vista de la gnoseología materialista dialéctica, los métodos teóricos y los empíricos conforman una unidad dialéctica en la que uno y otros se complementan, lo que no niega el echo del predominio de un sobre otro en determinada etapa de la investigación, tipo de estudio, o en determinada fase de desarrollo de una ciencia. En las ciencias más desarrolladas (la física teórica, por ejemplo), predominaba los métodos teóricos mientras que en las menos desarrolladas se observa un predominio de los métodos empíricos (por ejemplo, la pedagogía.) ahora bien, ninguno de los tipos de métodos, como dos polos de un mismo proceso: el proceso de conocimiento científico de la calidad por parte del hombre.

2. se seleccionan y se interpretan los resultados de su aplicación a la luz de determinadas concepciones teóricas.

La teoría científica (que depende de la concepción del mundo del investigador) interviene, en consecuencia, en la selección de los métodos. Así por ejemplo, en la historia de la psicología, se encuentran diversas concepciones teóricas, entre las que se hallan el conductismo, el psicoanálisis, y la psicología basada en el materialismo dialéctico.

Conductismo: desarrolla como método principal para el estudio de su objeto, la observación externa, y desecha la autoobservación (observación interna o introspección) como método científico, lo que se corresponde con su negación de la conciencia como objeto de estudio psicológico y la consideración del compartimiento como su verdadero objeto.

Psicoanálisis: a partir de sus concepciones teóricas basada en las motivaciones inconscientes como los móviles del compartimiento humano, esta corriente ha desarrollado métodos específicos para su estudio, entre los que se encuentran los test psicológicos de tipo proyectivo como el TAT, el Rorschach y otros, que pretenden estudiar estas motivaciones inconscientes en los sujetos.

Psicología en el materialismo dialéctico: esta concepción, aunque no desestima la influencia de los elementos inconsciente en el comportamiento humanos. Teniendo en cuenta lo anterior, esta corriente psicológica admite y promueve la utilización de diferentes tipos de métodos que proporcionen una aproximación valida al objeto de estudio propio de cada investigación en particular.

Por su parte, la investigación educacional basada en el materialismo dialéctico no absolutiza ningún método empírico en específico, sino que parte del supuesto de que todo los métodos tiene sus valores y limitaciones, los que deben ser tomados en cuenta, para su adecuada selección en dependencia de los objetivos de cada investigación.

3. Su selección depende la naturaleza del objeto de estudio.

La propia naturaleza de lo que pretende estudiar (las particularidades del objeto del estudio) interviene en la selección de los métodos empíricos, por lo que resulta improcedente hacer extrapolaciones mecánicas de los métodos a utilizar en diferentes ciencias. Es necesario no solo seleccionar sino a ser las adecuaciones apropiadas a los métodos con vistas a lograr el cumplimiento de los objetivos del estudio específico que se está realizando en el marco de una ciencia determinada. Por ejemplo, si el investigador en el estudio de corte psicológico pretende investigar las relaciones interpersonales de los adolescentes, puede pensar en la sociometría como un método empírico apropiado, la mejor opción sería el método de la observación, aunque en ambos casos se utilizaran otros métodos de apoyo  para la obtención de una información más completa.

4. Desempeñan su función principal en la etapa de ejecución de la investigación, aunque están presente en todo el proceso investigativo.

se afirma que los métodos empíricos están presentes en todas las etapas de la investigación : en la etapa de la preparación se determinan los métodos que van a ser utilizados para el estudio del objeto, en la etapa de la ejecución se aplican estos con el objetivo de recopilar la información necesaria (la recogida de datos es la principal función de los métodos empíricos), en la etapa del procesamiento se analizan los datos recogidos como producto de la aplicación de este tipo de método, y en la etapa de la redacción del informe se refleja la argumentación de los métodos utilizados para poner a  prueba las hipótesis y/o dar solución al problema científico y se incluyen los instrumentos empleados.

5. El conjunto de métodos a emplear en una investigación se materializa en instrumentos.

Si en una investigación se deciden a utilizar, por ejemplo, la observación y la encuesta, esto implica que deben seleccionarse adaptarse o construirse instrumentos tales como guías o escalas de observación y modelos de encuestas que contengan los indicadores empíricos que se consideran relevantes para poner a prueba la hipótesis y/o responder al problema de la investigación. De modo que en los instrumentos se concretan, por la vía de determinado método, los indicadores de las variables fundamentales a investigar en un estudio determinado.

### 4.1.2. Funciones de los métodos empíricos en el proceso de la investigación educacional

1. Sirven de criterio para diferenciar el conocimiento científico del empírico espontáneo y del razonamiento especulativo.

El conocimiento empírico espontáneo, conocimiento cotidiano, común u ordinario (al que ya se hizo referencia en la primera parte de este libro) no pretende el desarrollo teórico de la ciencia, sino la solución de problemas singulares de la práctica cotidiana, lo que no requiere de métodos empíricos de investigación. Por su parte el razonamiento especulativo (igualmente visto ya en comparación con el anterior en primera parte del libro) pretende explicar los fenómenos de la realidad partiendo de abstracciones que generalmente tergiversan la realidad, dado que no se utiliza métodos empíricos obtener hechos científicos y para confirmar las conclusiones. Por lo tanto, la utilización de métodos empíricos de investigación es un criterio a tener en cuenta para considerar si el estudio que se realiza puede considerarse científico, o si está en el terreno del conocimiento cotidiano o de la especulación.

2. Proporcionan los datos empíricos para el desarrollo de la teoría científica.

Sobre la base de los datos (recogidos como productos de la aplicación de métodos empíricos) se elevaron interpretaciones, explicaciones y predicciones que posibilitan el desarrollo de conceptos, leyes y principios de tipos teóricos, constantemente necesitados de profundización, ampliación y perfeccionamiento como producto de su aplicación práctica.

3. Permiten arribar a conclusiones inductivas.

La aplicación de los métodos empíricos a un número de casos individuales permite elaborar generalizaciones sobre la base de lo común que se detecta en estos casos. De este modo puede evidenciarse la unidad dialéctica inquebrantable entre los métodos empíricos y teóricos, puesto que solo gracias a que el investigador pone en función sus recursos intelectuales mediante el ejemplo de métodos teóricos (uno de los cuales es justamente el de la inducción y la deducción) es que puede la investigación lograr los objetivos que se propone con la determinación adecuada de los métodos empíricos, su correcta aplicación, procesamiento e interpretación. Para todo este proceder de tipo intelectual, el investigador emplea sus operaciones racionales de pensamiento que le permiten obtener determinados resultados: conceptos, juicios y conclusiones (inductivas y deductivas). Para la formulación de las conclusiones inductivas el investigador parte de aquellos contenidos objetivos reflejados en los datos recopilados mediante la aplicación de métodos empíricos.

4. Constituyen la vía para constatar hechos científicos.

El surgimiento de la psicología como ciencia se identifica con la creación del primer laboratorio de psicología experimental por Wundt, en Leidzig, Alemania, en el año 1879. Este acontecimiento sirve de empleo para ilustrar la trascendencia de los métodos empíricos, en especial de experimento, para considerar que una disciplina ha abandonado no solo el terreno de la especulación y del conocimiento empírico espontáneo, sino que ha determinado su propio objeto de estudio, utiliza métodos científicos para abordarlos y, por tanto, puede ser considerado como una ciencia independiente. En los hechos científicos se reflejan los hechos de la realidad (carácter objetivo del echo científico) que son interpretados de acuerdo con concepciones teóricas, de manera consistente, reiterada y confirmada (carácter subjetivo del hecho científico). El aspecto subjetivo del hecho científico se va perfeccionando, puntualizando, profundizando y ampliando en la medida que avanza la ciencia en su proceso de desarrollo, pero el aspecto objetivo del hecho científico se logra obtener gracias a la aplicación de adecuados métodos de tipos empíricos, que constituyen las vías o caminos para su obtención.

5. Posibilitan poner a prueba la veracidad de las hipótesis y teorías existentes.

El principal criterio de veracidad de las formulaciones teóricas es la práctica. En la práctica científica la vía a utilizar para verificar (confirmar o refutar) las hipótesis y teorías existentes, está precisamente en los métodos empíricos; de modo que en el proceso de investigación, después de formuladas las hipótesis se debe determinar el conjunto de métodos empíricos que se considera óptimo para ponerlas a pruebas. Para comprobar las hipótesis y teorías existentes mediante el proceso de investigación es necesario que las variables fundamentales de cada estudio sean adecuadamente operacionalizadas en indicadores y que a su vez estos se materialicen, de la mejor manera posible, en aquellos instrumentos en los que se concretan los métodos empíricos a utilizar el marco de una investigación determinada.

### 4.2. La Observación Científica

La observación científica como método consiste en la percepción directa del objeto de investigación. La observación investigativa es el instrumento universal del científico. Esta permite conocer la realidad mediante la percepción directa de los objetos y fenómenos.

La tarea del método de observación consiste en conocer las particularidades cualitativas de los procesos que se estudian, y en poner al descubierto los vínculos y relaciones regulares que existen entre ellos. Constituye la base de este método la percepción directa por parte del investigador de las manifestaciones de los procesos que se estudian en los respectivos tipos de actividad.

El rasgo más característico del método de observación es el estudio del fenómeno o proceso que se investiga directamente, en las condiciones naturales de surgimiento, en la forma en que ocurre en la vida real. Este excluye la utilización de procedimientos que pudieran ocasionar cambios o alteraciones del curso natural de los fenómenos estudiados; gracias a estos el referido método permite conocer el objeto en toda su plenitud y con la veracidad vital de sus particularidades cualitativas. El mismo es insustituible al resolver la tarea de la descripción del fenómeno; cuando, por el contrario, se utiliza con el objetivo de explicar o interpretar, resuelve estas tareas por medio de la comparación y el análisis de los hechos de la vida observados directamente.

La observación, como procedimiento, puede utilizarse en distintos momentos de una investigación más compleja: en su etapa inicial se usa en el diagnóstico del problema a investigar y es de gran utilidad en el diseño de la investigación. En el transcurso de la investigación puede convertirse en procedimiento propio del método utilizado en la comprobación de la hipótesis. Al finalizar la investigación, la observación puede llegar a predecir las tendencias y desarrollo de los fenómenos de un orden mayor de generalización.

La observación científica presenta las siguientes cualidades que la diferencian de la observación espontánea y casual.

- La observación científica es *consciente*; y se orienta hacia un objetivo o fin determinado. El observador debe tener un conocimiento cabal del proceso, fenómeno u objeto a observar, para que sea capaz, dentro del conjunto de características de este, seleccionar aquellos aspectos que son susceptibles a ser observados y que contribuyen a la demostración de la hipótesis.
- Los fenómenos que se someten a estudio se observan en condiciones habituales para ellos y sin introducir cambios en su curso natural. El hecho mismo de la observación no debe alterar el fenómeno que se estudia.
- La observación científica debe ser cuidadosamente *planificada* donde se tenga en cuenta además de los objetivos, el objeto y sujeto de la observación, los medios con que se realiza y las condiciones o contexto natural o artificial donde se produce el fenómeno, así como las propiedades y cualidades del objeto a observar.

- La observación se realiza en las condiciones más características del fenómeno estudiado, por ejemplo: las particularidades del proceso de lectura relacionada con la lengua inglesa es mejor observarlas durante la clase de idioma Inglés.
- La recopilación del material por medio de la observación se lleva a cabo según el plan (cronograma) confeccionado previamente en correspondencia con las tareas científicas o de investigación. Esto facilita la selección de materiales objetivos que son característicos del fenómeno estudiado.
- La observación no debe realizarse de una vez, sino sistemáticamente; la cantidad de observaciones y el número de personas que se observan debe ser suficiente para obtener resultados significativos.
- Al realizar observaciones es necesario tomar en cuenta el amplio círculo de circunstancias que acompañan al fenómeno principal, por ejemplo: al estudiar el proceso de lectura en una lengua extranjera se debe considerar no solo las particularidades de los procesos de decodificación y redecodificación, sino también el ritmo, entonación, fluidez, condiciones externas en las que se lleva a cabo la clase de idioma extranjero, motivaciones por este proceso, habilidades en la lengua materna, competencia comunicativa de los alumnos, conocimiento acerca del tema que leen, la composición de los alumnos que se someten a prueba (sexo, edad, nivel, competencia socio-cultural), las particularidades metodológicas de la enseñanza (calificación del profesor, métodos de enseñanza que utiliza), etc. La comparación de los datos que se obtienen por vía de la observación tan amplia permite no solo describir, sino también explicar el fenómeno dado: indicar su condicionalidad por alguna de las circunstancias concomitantes.
- El fenómeno que se estudia debe observarse en las distintas condiciones que cambian de manera regular, por ejemplo: los hechos que caracterizan un entendimiento, comprensión o interpretación inadecuada de un texto determinado se deben observar tanto en las primeras, como en las últimas clases en el horario del día.
- Los resultados de las observaciones deben registrarse de forma exacta, tal y como los fenómenos ocurren. No se debe confundir la observación con la interpretación que realiza el investigador. Se debe realizar un acta de la observación donde se anotan con suficientes detalles los índices que caracterizan tanto los hechos fundamentales como los concomitantes. Los hechos que se observan de acuerdo con el cronograma se registran sin ninguna selección o exclusión arbitraria; el acta de la observación debe ser el tratado fiel del fenómeno observado.
- La observación científica debe ser *objetiva*: ella debe estar despojada lo más posible de todo elemento de subjetividad, evitando que sus juicios valorativos puedan verse reflejados en la información registrada. Para esto hay que garantizar:

Mediante la observación se recoge la información de cada uno de los conceptos o variables definidas en la hipótesis de trabajo, en el modelo diseñado. Cuando esto se cumple decimos que existe validez en la observación.

El documento guía de la observación debe ser lo suficientemente preciso y claro para garantizar que diferentes observadores al aplicar este en un momento dado, lo entiendan y apliquen de la misma manera. Cuando este requisito se cumple decimos que la observación es confiable.

### 4.2.1. Importancia de la observación

Históricamente la observación fue el primer método científico empleado, durante mucho tiempo constituyó el modo básico de obtención de la información científica.

La observación, como método científico, nos permite obtener conocimiento acerca del comportamiento del objeto de investigación tal y como este se da en la realidad, es una manera de acceder a la información directa e inmediata sobre el proceso, fenómeno u objeto que está siendo investigado.

La observación estimula la curiosidad, impulsa el desarrollo de nuevos hechos que pueden tener interés científico, provoca el planteamiento de problemas y de la hipótesis correspondiente.

La observación puede utilizarse en compañía de otros procedimientos o técnicas (la entrevista, el cuestionario, etc.), lo cual permite una comparación de los resultados obtenidos por diferentes vías que se complementan y permiten alcanzar una mayor precisión en la información recogida.

La observación como método científico hace posible investigar el fenómeno directamente en su manifestación externa, , sin llegar a la esencia del mismo, a sus causas, de ahí que, en la práctica, junto con la observación, se trabaje sistemáticamente con otros métodos o procedimientos como son la medición y el experimento. Por supuesto, para llegar a la esencia del objeto se hace necesario el uso de los métodos teóricos.

### 4.2.2. Tipos de Observación

Tanto en las ciencias sociales, naturales y técnicas, la observación como método científico se puede taxomizar en las siguientes formas:

**Observación simple**: se realiza con cierta espontaneidad, por una persona de calificación adecuada para la misma y esta debe ejecutarse de forma consciente y desprejuiciada.

**Observación sistemática**: requiere de un control adecuado que garantice la mayor objetividad, realizándose la observación de forma reiterada y por diferentes observadores, inclusive para garantizar la uniformidad de los resultados de este.

**Observación participante**: en ella el observador forma parte del grupo observado y participa en él durante el tiempo que dure la observación.

**Observación no participante**: el investigador realiza la observación desde fuera, no forma parte del grupo investigado.

**Observación abierta**: donde los sujetos y objetos de la investigación, conocen que van a ser observados. Cuando se utiliza este tipo de observación se analiza previamente si el hecho de que los observados conozcan previamente que su conducta es observada, esto puede afectar los resultados de la misma. En caso positivo es necesario realizar la observación encubierta, cerrada o secreta.

**Observación encubierta**: las personas que son objeto de la investigación no lo saben. El observador está oculto, se auxilia con medios técnicos, los que en la mayoría de los casos no son de fácil obtención. Esta investigación es más objetiva.

**Observación dinámico-participativa**: esta se sustenta sobre la base de un triángulo donde el investigador va a observar a los sujetos investigados, estos a su vez observarán al investigador y los investigados se observan entre sí.

La organización de la observación está determinada por muchos factores como pueden ser: tipo de objeto sobre el cual se investiga, características personales del observador, métodos, procedimientos y técnicas que se requiere para la observación de las propiedades y cualidades del objeto a observar, medios con que se cuenta para la observación, y otros. Una vez tenido en cuenta todos estos factores, se elabora un plan de observación donde se precisa: objeto, magnitudes y variables a observar, tiempo de duración de la observación y el resultado esperado. A partir de esto se elabora un programa de observación determinado por las interrogantes que tienen que esclarecerse mediante la misma.

### 4.3. La Entrevista

La entrevista es una técnica de recopilación de información mediante una conversación profesional, con la que además de adquirirse información acerca de lo que se investiga, tiene importancia desde el punto de vista educativo; los resultados a lograr en la misión dependen en gran medida del nivel de comunicación entre el investigador y los participantes en la misma.

Con frecuencia, al realizar investigaciones es necesario recopilar datos que den una característica de las particularidades de los investigados (convicciones, intereses, aspiraciones, actitud hacia el colectivo, comprensión de las responsabilidades) y también de sus condiciones de vida, etc. En esa dinámica el método de observación es poco útil, ya que requiere de mucho tiempo para obtener materiales detallados de esas cuestiones; entonces se emplea con éxito la entrevista, que por su esencia es una observación dirigida, concentrada alrededor de una cantidad limitada de cuestiones que son de interés en la investigación dada. La esencia de este método consiste en una conversación libre con las personas sobre las cuestiones que le interesan al investigador (la conversación no debe convertirse en una encuesta).

El material objetivo que se recopila, como es natural, tiene forma oral. El investigador juzga acerca del fenómeno que se estudia por las reacciones orales de sus interlocutores.

La aplicación adecuada del método referido presupone:
1) La capacidad del investigador para entrar en contacto personal con quien se somete a prueba; es bueno que este contacto se establezca mucho antes de la conversación.
2) La existencia de un plan de la conversación pensado al detalle que debe representar una lista formal de preguntas concretas que se espera formular a los participantes en la investigación o, más bien, un plan de tareas y problemas que formarán el material de conversación. En este método no solo el investigador puede formular preguntas, sino también los investigados.
3) Las habilidades del investigador para formular preguntas indirectas, que le permiten obtener los datos que le interesan.
4) La capacidad del investigador para puntualizar los hechos que le interesan durante la conversación animada y de aclararlos sin recurrir a la confección de actas ni registro taquigráfico. Esto último en ocasiones complica injustificadamente el citado método y, por tratarse tan solo de anotaciones formales, resulta difícil someterlos a análisis. El acta de la conversación se

realiza directamente después de terminada  esta con las impresiones aún frescas, en dicha acta se reflejan los datos obtenidos y puntualizados durante la conversación y deben ser reforzados con citas de algunas expresiones concretas.

5) La aclaración de la veracidad de los datos obtenidos, por medio de observaciones posteriores, con ayuda de datos complementarios recibidos de otras personas, etc.

Según el fin que se persigue con la entrevista, esta puede estar o no estructurada mediante un cuestionario previamente elaborado.  Cuando la entrevista es aplicada en las etapas previas de la investigación donde se quiere conocer el objeto de investigación desde un punto de vista externo, sin que se requiera aún la profundización en la esencia del fenómeno, las preguntas a formular por el entrevistador, se deja a su criterio y experiencia.

Si la entrevista persigue el objetivo de adquirir información acerca de las variables de estudio, el entrevistador debe tener clara la hipótesis de trabajo, las variables y relaciones que se quieren demostrar; de forma tal que se pueda elaborar un cuestionario adecuado con preguntas que tengan un determinado fin y que son imprescindibles para esclarecer la tarea de investigación, así como las preguntas de apoyo que ayudan a desenvolver la entrevista.

Al preparar la entrevista y definir las propiedades o características a valorar (variables dependientes o independientes); es necesario establecer calificaciones, gradaciones cualitativas o cuantitativas de dichas propiedades que permitan medir con exactitud la dependencia entre las magnitudes estudiadas, así como calcular la correlación existente entre ellas aplicando métodos propios de la estadística matemática.

El éxito de la entrevista depende en gran medida del nivel de comunicación que alcance el investigador con el entrevistado, la preparación que tenga el investigador en cuanto a las preguntas que debe realizar, la estructuración de las mismas, las condiciones psicológicas del investigado; la fidelidad a la hora de transcribir las respuestas y el nivel de confianza que tenga el entrevistado sobre la no filtración en la información que él está brindando, así como la no influencia del investigador en las respuestas que ofrece el entrevistado.

La entrevista es una técnica que puede ser aplicada a todo tipo de persona, aún cuando tenga algún tipo de limitación como es el caso de analfabetos, limitación física y orgánica, niños que posean alguna dificultad que le imposibilite dar respuesta escrita y otros.

Aquella entrevista que está estructurada a partir de un cuestionario la información que se obtiene resulta fácil de procesar, no se necesita de un entrevistador muy diestro y hay uniformidad en el tipo de información que se obtiene sin embargo, esta alternativa no posibilita profundizar en los aspectos que surjan en la entrevista.

La entrevista no estructurada es muy útil en estudios descriptivos y en la fase del diseño de la investigación, es adaptable y puede aplicarse a toda clase de sujetos y de situaciones; permite profundizar en el tema y requiere de tiempo y de personal de experiencia para obtener información y conocimientos del mismo.  En esta se dificulta el procesamiento de la información.

### 4.4. La Encuesta

La encuesta es una técnica de adquisición de información de interés sociológico, mediante un cuestionario previamente elaborado, a través del cual se puede conocer la opinión o valoración del sujeto seleccionado en una muestra sobre un asunto dado.

En la encuesta, a diferencia de la entrevista, el encuestado lee previamente el cuestionario y lo responde por escrito sin la intervención directa de los que colaboran en la investigación.

La encuesta, una vez confeccionado el cuestionario, no requiere de personal calificado a la hora de hacerla llegar al encuestado.

A diferencia de la entrevista, la encuesta cuenta con una estructura lógica, rígida, que permanece inalterada a lo largo de todo el proceso investigativo. Las respuestas se escogen de modo especial y se determinan del mismo modo las posibles variantes de respuestas estándares, lo que facilita la evaluación de los resultados por métodos estadísticos.

## 4.5. El Cuestionario

El cuestionario es un instrumento básico de la observación, en la encuesta y en la entrevista. En el cuestionario se formula una serie de preguntas que permiten medir una o más variables.

El cuestionario posibilita observar los hechos a través de la valoración que hace de los mismos el encuestado o entrevistado, limitándose la investigación a las valoraciones subjetivas de este.

No obstante a que el cuestionario se limita a la observación simple, del entrevistador o el encuestado, éste puede ser masivamente aplicado a comunidades nacionales e incluso internacionales, pudiéndose obtener información sobre una gama amplia de aspectos o problemas definidos.

La estructura y el carácter del cuestionario lo definen el contenido y la forma de las preguntas que se les formula a los interrogados.

Por su contenido las preguntas pueden dividirse en dos grandes grupos: directas o indirectas.

- Las **preguntas directas**: coinciden el contenido con el objeto de interés del investigador.

- La formulación de las **preguntas indirectas** constituye uno de los problemas más difíciles de la construcción de las encuestas.

Ejemplo de pregunta **directa**:
¿Le agrada a usted trabajar en la agricultura?
Ejemplo de pregunta **indirecta**:
¿Quisiera usted que su hijo escogiera trabajar en la agricultura?
Al construir el cuestionario, conjuntamente con el contenido de las preguntas, hay que definir su *forma*, utilizándose en sociología el cuestionario abierto y cerrado.

- La **pregunta abierta** en una encuesta es la que no limita el modo de responderla, ni se definen las variantes de respuestas esperadas. Este tipo de preguntas no permite medir con exactitud la propiedad, solo se alcanza a obtener una opinión.
- La **pregunta cerrada** tiene delimitada, su respuesta para determinada cantidad de variantes previstas por el confeccionador de la encuesta.

La forma más difundida de pregunta es aquella cuya respuesta está estructurada por esquemas de comparaciones de pares de valores, de categorías secuenciales de valores y otros.

La comparación de pares, consiste en que todas las variantes de respuestas se componen de dos posibilidades de las cuales el encuestado selecciona una. Este esquema se emplea cuando el número de preguntas no resulta grande y cuando se exige gran precisión y fidelidad en la respuesta.

Otra técnica muy aplicada en la encuesta es la selección, donde el encuestado elige entre una lista de posibles respuestas aquellas que prefiere. Dentro de esta técnica existen variantes: de selección limitada, donde puede elegir un número determinado de respuestas y el de selección única donde puede escoger una sola respuesta.

La elaboración estadística en este caso resulta sencilla, pues se reduce al conteo de frecuencia de selección de cada respuesta, sobre la cual se realiza la gradación de la actitud que muestran los encuestados hacia las respuestas.

En los cuestionarios se pueden aplicar preguntas que miden actitudes del individuo hacia un determinado hecho. Cuando se mide actitud, es necesario tener en cuenta la dirección de la misma, así como su intensidad, para lo cual se aplican diversos tipos de escalas.

De manera más general, la pregunta se formula de forma positiva y se dan 5 alternativas de posibles respuestas, designándose una escala de valores de 1 a 5, dando la respuesta más favorable a la afirmación que tenga el máximo de puntuación.
**Ejemplo**:
"Cuando se lee, se presta mayor atención al significado del texto"
Muy de acuerdo (5) _____
De acuerdo (4) _____
Ni de acuerdo, ni en desacuerdo (3) _____
En desacuerdo (2) _____
 Muy en desacuerdo (1) _____

Si por el contrario, las afirmaciones son negativas en la formulación de la pregunta, la evaluación de la pregunta debe resultar opuesta al anterior caso.
**Ejemplo**:
""Cuando se lee, no se presta mayor atención al significado del texto"
Totalmente de acuerdo   (1) _____
De acuerdo (2) _____
Ni de acuerdo ni en desacuerdo (3) _____
En desacuerdo (4) _____
Totalmente en desacuerdo (5) _____

Otros tipos de instrumentos pueden ser aplicados en la medición de actividades y se pueden estudiar en diferentes bibliografías que tratan los aspectos de las técnicas de trabajo experimental.

### 4.5.1. Requisitos para la construcción del cuestionario
1. Al igual que cualquier otra teoría propia de los métodos empíricos, hay que partir de la hipótesis formulada y específicamente de los indicadores de las variables

definidas en ésta, los que se traducirán en preguntas específicas para el cuestionario.
2. Establecer la necesidad de cooperación del encuestado, lo que dependerá de que los individuos participen o no, o que contribuyan o no favorablemente en la investigación. Dicha demanda puede realizarse de diversas formas; puede hacerla el entrevistador en el momento de presentar la encuesta, puede acompañar el cuestionario por escrito, puede solicitarse por teléfono, por carta previa, etc.
3. Lo valioso de la información que se solicita debe estar en lo que se solicita.
4. Que no existe motivo encubierto o no confesado en la finalidad perseguida
5. Uso confidencial de la información que se brinda en la encuesta.
6. Lo fácil y rápido que puede contestarse el cuestionario.
7. Las preguntas deben ser claras.
8. Cada término debe ser comprendido.
9. No deben de plantearse dos preguntas en una.
10. La pregunta debe formularse de manera positiva.
11. La construcción de la respuesta no debe inducir a expresiones ambiguas.
12. Las preguntas no deben ser tendenciosas, es decir, no deben estar confeccionadas de manera tal que lleven al individuo a responder de una manera determinada o que lo predisponga en contradicción con su sentir.
13. Las preguntas no deben exigir mucho esfuerzo de memoria.
14. Al abordar aspectos controvertidos o embarazosos, las preguntas deben ser construidas de forma tal que no constituyan un conflicto para el sujeto.
15. El orden de las preguntas debe de disponerse con arreglo a las características psicológicas de las mismas.
16. En primer lugar se deben preguntar datos socio-demográficos como sexo, edad, ocupación; a continuación preguntas generales simples que lo van llevando hasta preguntas más complejas, de lo impersonal a lo personal.
17. Se debe contrarrestar el efecto de monotonía en la variante de respuesta. Esto ocurre fundamentalmente en los cuestionarios cerrados y cuando el interrogado no se siente totalmente motivado a responder.
18. Debe de inducirse una pregunta final que recoja la impresión del interrogado respecto al cuestionario.

### 4.6. El Experimento

Experimento: **es un tipo de actividad realizada para obtener conocimiento científico, descubrir las leyes objetivas que influyen en el objeto estudiado, por medio de un conjunto de mediadores. Es una vía de verificación de la conjetura científica en el cual se provoca deliberadamente algún cambio a través de una o varias variable independientes y se observan e interpretan sus resultados en una variable dependiente con alguna finalidad cognoscitiva, esto ocurre en una situación de control por parte del investigador.**

El experimento como método de investigación se caracteriza por una serie de particularidades:
1. la separación, el aislamiento del fenómeno estudiado de la influencia de otros semejantes, no esenciales y que ocultan su esencia, así como estudiarlo en su forma pura,

2. durante el experimento, el fenómeno estudiado se repite las veces necesarias el curso del proceso en condiciones fijadas y sometidas a control,
3. al llevar a cabo un experimento, el investigador crea indefectiblemente las condiciones necesarias para que surja el fenómeno que le interesa.
4. al crear una situación experimental especial, que permita observar el fenómeno en su forma relativamente pura, el investigador excluye la influencia de condiciones casuales, las que con frecuencia durante el método de observación impiden esclarecer los vínculos reales existentes entre el fenómeno,
5. las condiciones en las que se produce el fenómeno estudiado son variadas por el experimentador planificadamente, cambiar diferentes condiciones con el fin de obtener el resultado buscado.
6. el método experimental, por lo regular, va equipado con aparatos especiales de medición exacta que permiten obtener características cuantitativas y cualitativas del fenómeno estudiado.

Aspectos a considerar en la realización de un experimento:
1. tener claramente definido el objetivo que se persigue con el experimento, así como la hipótesis que se somete a constatación empírica;
2. determinar variables,
3. constatar el estado inicial del fenómeno,
4. determinar los medios con qué se cuenta para la realización del experimento;
5. controlar la situación experimental de manera que la variable que se produzca sea el resultado de la variable independiente y no de otras ajenas.

Para que el resultado que se alcance sea producto de la variable independiente y no de otras ajenas es necesario el control experimental. Este es aquel en el que el investigador lleva a cero o minimiza la influencia de variables ajenas; para lo cual puede emplear los siguientes tipos de control: a) por pares o control de precisión, b) por distribución de frecuencia, y c) al azar o aleatorio. Estos y otros tipos de control serán valorados a continuación en relación con los distintos tipos de experimentos. Sobre el control de variables ajenas consultar además el acápite referido al control de variables.

### 4.6.1. Tipos de experimentos

Existen diversos criterios a partir de los cuales se puede taxomizar el experimento, así por ejemplo:

| Nro | Criterios | Tipo de Experimentos |
|---|---|---|
| 1 | Por la forma del estímulo | **Artificiales:**<br>• Proyectado simultáneo<br>• Sucesional proyectado<br>• Mental (Modelación-Simulación)<br>**Naturales:**<br>• Ex-Post facto de causa-efecto<br>• Ex-Post facto de efecto- causa |
| 2 | Por el grado de control de variables | • Experimento verdadero<br>• Cuasi-experimento<br>• Pre-experimento |
| 3 | Por el tiempo de acción de las condiciones | • Corto |

| | del experimento | • Largo |
|---|---|---|
| 4 | Por la estructura de los fenómenos pedagógicos | • Simple<br>• Complejo |
| 5 | Por los objetivos de la investigación y las funciones de los métodos | • Prospectivo, constatador, controlador e informativo.<br>• Verificador<br>• Creador, formador y transformador |
| 6 | Por la organización de su desarrollo | • De laboratorio<br>• Natural |
| 7 | Por la relación sujeto-objeto | • Abierto<br>• Encubierto |
| 8 | Por los procedimientos empleados o tipos de controles | • Estadísticos<br>• No estadísticos |

Como se puede apreciar, muchos de ellos se explican por sí solos. De ahí que solo explicaremos los que puedan propiciar alguna confusión.

**Experimento artificial**: cuando el investigador hace incidir o manipula directamente el estímulo o variable independiente para provocar o conocer un determinado efecto. Este a su vez se taxomiza en:

a) Experimento **proyectado simultáneo**: es en el que se emplean grupos experimentales y de control.

b) Experimento **sucesional proyectado**: en este tipo de experimento se carece de grupo de control, lo que debilita sus conclusiones. Se emplea cuando no es posible obtener un grupo de control. Es significativo denotar que el efecto educativo no es privativo de unos en detrimento de otros.

c) Experimento **mental**: se le llama a la experimentación mental al par modelo-estimulación. En algunos casos en que no es posible aplicar el estímulo a sistemas reales, se aplica a modelos. Cuando solo es posible aplicar el estímulo (o estudiar el efecto) en un modelo imaginativo o conceptual, es decir, cuando se proyecta un modelo conceptual, se denomina **modelado**. Por otra parte, cuando se practican en el modelo cambios imaginarios (mentales), para estimular las reacciones según la teoría, se le llama **simulación**, es decir, el sometimiento del modelo a cambios imaginativos. Es significativo señalar que la experimentación mental puede sustituir al experimento mental cuando no se intenta contrastar teorías, sino aplicarlas.

**Experimentos naturales**: en caso en que el estímulo ya ha funcionado, por lo que no se produce concientemente por el investigador, sus formas son:

a) **Ex-Post facto de causa-efecto**: En este caso el estímulo transcurre de forma natural (causa). El objetivo es conocer el efecto resultante.

b) **Ex-Post facto de efecto-causa**: En este caso se conoce el efecto (variable dependiente), pero no la causa (variable independiente). El objetivo es conocer las causas resultantes.

**Experimento prospectivo**: también se denomina descriptivo o de constatación. El propósito es determinar leyes o detectar en el objeto una determinada propiedad.

**Experimento verificador**: se orienta hacia la comprobación o refutación de una hipótesis dada, sirve para verificar o rechazar una teoría.

**Experimento creador**, formativo, pedagógico: el experimentador crea un objeto que no existía antes, tiene como objetivo la dirección adecuada de la formación y desarrollo de la personalidad de los educandos.

**Cuasi-experimento**: en este existe un nivel mínimo de control de variables.

**Pre-experimento**: aquí el control de variables es mínimo.

**Experimento puro**: en este existe un riguroso control de variables. Estos diseños utilizan grupos experimentales y de control con el objetivo de comparar los resultados. Los grupos deben ser equivalentes en relación con todas las variables ajenas relevantes, y solo deberán diferir en cuanto a los valores de la variable independiente.

En esta modalidad se busca la equivalencia de los grupos preferentemente utilizando técnicas aleatorias. También pueden ser empleadas otras técnicas de control de variables ajenas (apareo, contrabalanceo, u otras similares).

### 4.6.2. Control Experimental

Mientras más control se ejerce sobre las variables extrañas, más se garantiza la validez interna del método (pues el investigador puede determinar con más precisión la relación causa-efecto que pretende demostrar), pero al mismo tiempo, este control riguroso provoca que el experimento se desarrolle en condiciones artificiales, que le restan validez externa, al reducir la posibilidad de extrapolar los resultados a las situaciones reales. Para él se requiere de:

1. Manipulación intencional de una o más variables independientes. El grado de manipulación de la variable independiente puede realizarse de la siguiente forma:
   - ❖ En dos o más grados.
   - ❖ El nivel mínimo de manipulación se efectúa en dos: Presencia-Ausencia de la variable independiente.
   - ❖ Se pueden desarrollar en dos, tres, cuatro, o más grados; esto depende de la naturaleza de la investigación y el tipo de diseño, la hipótesis que se pretende someter a constatación empírica.
   - ❖ Se emplean además de los grados, las modalidades, que consisten en aplicar la misma variable independiente en diversas formas a los grupos en cuestión.

2. Medir el efecto de la variable independiente sobre la variable dependiente. En la planificación del experimento se debe precisar cómo se van a manipular las variables independientes y cómo se va a medir la variable dependiente.

3. Control o validez interna de la situación experimental. Se refiere al control de las variables independientes y cómo estas influyen en la variable dependiente, si el efecto que se logra es producto a la variable independiente o de otros factores. De ahí la necesidad de controlar aquellas variables ajenas que pueden afectar el resultado de la variable independiente. Sobre lo antes referido (variables ajenas y su control) se puede consultar los epígrafes 2.7 y 2.8. Además de los elementos que allí se explican sobre las variables ajenas y su forma de control, se puede lograr validez interna teniendo en cuenta los siguientes elementos:
   - ❖ Varios grupos de experimentación.
   - ❖ Equivalencia inicial de los grupos, esta se logra a través de:

➤ Asignación de sujetos a los grupos al azar.
➤ Emparejamiento: esto se realiza de la siguiente forma:
    1) se escoge una variable relacionada con la variable dependiente,
    2) se mide la variable escogida,
    3) se ordenan los sujetos según la variable que se va a emparejar,
    4) se forman parejas.
➤ Equivalencia durante el experimento.
A este tipo de experimento se le aplican, entre otros, los siguientes diseños experimentales:
1. diseño con post-prueba únicamente y grupo de control (estadísticamente se le aplica la prueba-t),
2. diseño con pre-prueba, post-prueba y grupo de control,
3. diseño de cuatro grupos de Salomón: es la suma de los dos anteriores: se emplean cuatro grupos: dos experimentales y dos de control; a uno de los experimentales y a uno de los de control se les aplica pre-prueba y a todos post-pruebas,
4. diseño en serie cronológica múltiple. En este se aplican varias post-pruebas y se desarrolla conjuntamente con los restantes diseño. Este se puede concretar de la siguiente forma:
    a) serie cronológica sin pre-prueba, con varias post-pruebas y con grupo de control,
    b) serie cronológica con pre-prueba, con varias post-pruebas y con grupo de control,
    c) serie cronológica basada en el diseño de cuatro grupos de Salomón.
5. diseño con tratamiento múltiple: se emplea para analizar el efecto de la aplicación de diversos tratamientos experimentales a todos los sujetos y puede ser:
    a) varios grupos,
    b) Solo un grupo: (solo cuando no hay sujetos para formar más grupos, aquí son experimental y control de sí mismos).
6. diseños factoriales: manipulación de dos o más variables independientes e incluyen dos o más niveles de presencia en cada variable independiente consiste en que todos los niveles de cada variable independiente es combinada con todos los niveles de otras variables independientes.

**Cuasi-experimento**: en este existe un nivel mínimo de control de variables. Al igual que en los experimentos verdaderos, en este tipo de diseño se utilizan los grupos experimentales y de control, con el objetivo de comparar los resultados.

La particularidad de esta modalidad consiste en que tiene lugar en situaciones de campo real. Se utiliza cuando el investigador encuentra obstáculos para alterar la configuración de los grupos naturales o considera más apropiado trabajar con estos últimos (sin alterar su configuración creando grupos artificiales mediante técnicas aleatorias o de otro tipo).

En estos tipos de diseño el investigador varía deliberadamente los niveles de la variable independiente, no obstante muchas variables ajenas quedan sin controlar.

El hecho de trabajar con grupos verdaderos y no con grupos artificialmente creados, favorece la extrapolación de los resultados a situaciones reales similares a aquellas en las que se realizó el experimento.
Tipos de diseños cuasi-experimentales:
    1) diseño con pre-prueba únicamente y grupos de contactos,

2)  diseño con pre-prueba, post-prueba y grupos de contactos,
3)  diseño en serie cronológica múltiple.
4)  diseño en serie cronológica con un solo grupo,
5)  diseño en serie cronológica con múltiples grupos,
6)  diseño en serie cronológica con repetición de estímulos,
7)  diseño en serie cronológica con tratamiento múltiple.

**Pre-experimento**: aquí el control de variables es mínimo. El investigador solo trabaja con grupos experimentales (no existen grupos de control). En esta modalidad se registra el estado de la variable dependiente (pre-test), luego se introduce la variable independiente (o el tratamiento) y después de la intervención se vuelve a registrar el estado de la variable dependiente (post-test). El investigador compara los valores de la variable dependiente antes y después de actuar la variable independiente.

la deficiencia principal que se le atribuye, es que no se puede determinar con certeza, si las diferencias entre los resultados del pre-test y del post-test, se deben a la acción  de la variable independiente o a la acción conjunta de esta con otras variables extrañas, tales como: maduración u otros factores no controlables, asociados al paso del tiempo.
Tipos de diseños pre-experimentales:
1)  estudio de casos con una sola medición,
2)  diseño con pre-prueba, post-prueba con un solo grupo.

### 4.6.3. Acciones para la planificación del experimento
A continuación se sugieren algunas acciones para la planificación del experimento y sugerencias para su redacción:
1)  **precisar la muestra**: se debe explicar dónde  y en qué condiciones se desarrolla el experimento, a quiénes se les aplica, por qué se tomó esa muestra, cómo se logró la equivalencia inicial,
2)  **elegir el tipo de experimento**: explicar qué tipo de experimento se montó, qué tipo de diseño experimental se aplicó,
3)  **precisar categorías básicas**: a qué problema responde el experimento, cuál es la hipótesis que se pretende verificar, operacionalizar la hipótesis: definir sus variables, dimensiones e indicadores, indizar las dimensiones, los indicadores y la variable dependiente,
4)  **diseñar instrumentos**: explicar los instrumentos que se emplearán para evaluar la variable dependiente, explicar cómo se neutralizaran las variables ajenas, dilucidar cómo estos se aplican, en qué momentos, bajo qué condiciones, qué características tienen,
5)  **definir los objetivos del experimento**: estos pueden estar dirigidos hacia: el análisis de las particularidades y factibilidad de la aplicación de la variable independiente, la comprobación de los efectos de la variable independiente y hacia la determinación de posibles vías de perfeccionamiento de la variable independiente,
6)  **precisar las acciones a desarrollar durante la ejecución del experimento**: estas pueden ser: seleccionar el/los grupo(s), caracterizar el objeto en su estado inicial, aplicar la variable independiente, analizar las particularidades de la aplicación de la variable independiente y determinar sus efectos sobre el grupo experimental en correspondencia con los objetivos propuestos,

7) **controlar y validar internamente el experimento**: demostrar cómo se neutralizó la incidencia de variables ajenas, demostrar que el resultado que se alcanza es producto de la variable independiente y no de otras, explicar las técnicas que se aplicaron y los resultados que proporcionaron, distinguir entre la descripción del fenómeno y la interpretación de su naturaleza interna, analizar valorativamente los resultados alcanzados (cuantitativo y cualitativo), precisar las potencialidades y las debilidades de la variable independiente, así como los logros, dificultades y las causas que generan tales antinomias.

### 4.7. Criterio de Experto, por la metodología de preferencia

Existen diversas formas para emplear el referido método, en el presente texto emplearemos la metodología de preferencia. Para ello se sugieren los siguientes pasos:

1) Se aplica un cuestionario a especialistas del área: se les pide que escriban cinco nombres de especialistas en la temática que se investiga. (se realiza para solicitar expertos).
2) Se tabulan los nombres (los más mencionados hasta 40 personas).
3) Se le aplica un cuestionario a las 40 personas. (se realiza con el objetivo de conocer si en realidad son expertos o no). El referido cuestionario se puede realizar de dos formas:
   a). autoevaluación.
   b). valoración por parte del investigador, en este caso se recomienda tener en cuenta:
   ❖ años de experiencia,
   ❖ participación en eventos científicos en la temática,
   ❖ tutoría de investigaciones relacionadas con la temática,
   ❖ evaluación profesional,
   ❖ categoría docente y científica,
   ❖ especialidad.

El cuestionario se indiza y se deben lograr 20 expertos.

7. Se realiza otro cuestionario para determinar las dimensiones e indicadores de la variable.
8. Se revisa la bibliografía conjuntamente con el resultado de los indicadores.
9. Al simplificar el banco de indicadores se reúne con los expertos para que ellos elijan cuáles son imprescindibles.

Independientemente que esta metodología no hace referencia al cálculo del coeficiente de conocimiento y el coeficiente de argumentación del experto; para calcular su coeficiente de competencia, también alude a la competencia del experto, dados los elementos que se tienen en cuenta y los instrumentos que se aplican.

### 4.8. El método Delphy

El método Delphy pretende extraer y maximizar las ventajas que presentan los métodos basados en grupos de expertos y minimizar sus inconvenientes. Para ello se aprovecha la sinergia del debate en el grupo y se eliminan las interacciones sociales indeseables que existen dentro de todo grupo. De esta forma se espera obtener un consenso lo más fiable posible del grupo de expertos

Este método presenta tres características fundamentales:

❖ Anonimato: Durante un Delphy, ningún experto conoce la identidad de los otros que componen el grupo de debate. Esto tiene una serie de aspectos positivos, como son:

❖ Impide la posibilidad de que un miembro del grupo sea influenciado por la reputación de otro de los miembros o por el peso que supone oponerse a la mayoría. La única influencia posible es la de la congruencia de los argumentos.

❖ Permite que un miembro pueda cambiar sus opiniones sin que eso suponga una pérdida de imagen.

❖ El experto puede defender sus argumentos con la tranquilidad que da saber que en caso de que sean erróneos, su equivocación no va a ser conocida por los otros expertos.

❖ Iteración y realimentación controlada: La iteración se consigue al presentar varias veces el mismo cuestionario. Como, además, se van presentando los resultados obtenidos con los cuestionarios anteriores, se consigue que los expertos vayan conociendo los distintos puntos de vista y puedan ir modificando su opinión si los argumentos presentados les parecen más apropiados que los suyos.

❖ Respuesta del grupo en forma estadística: La información que se presenta a los expertos no es sólo el punto de vista de la mayoría, sino que se presentan todas las opiniones indicando el grado de acuerdo que se ha obtenido.

En la realización de un Delphy aparece una terminología específica:

Circulación: es cada uno de los sucesivos cuestionarios que se presenta al grupo de expertos.

Cuestionario: el cuestionario es el documento que se envía a los expertos. No es solo un documento que contiene una lista de preguntas, sino que es el documento con el que se consigue que los expertos interactúen, ya que en él se presentarán los resultados de anteriores circulaciones.

Panel: es el conjunto de expertos que toma parte en el Delphy.

Moderador: es la persona responsable de recoger las respuestas del panel y preparar los cuestionarios.

**Fases:**

Antes de iniciar un Delphy se realizan una serie de tareas previas, como son:

❖ Delimitar el contexto y el horizonte temporal en el que se desea realizar la previsión sobre el tema en estudio.

❖ Seleccionar el panel de expertos y conseguir su compromiso de colaboración. Las personas que sean elegidas no sólo deben ser grandes conocedores del tema sobre el que se realiza el estudio, sino que deben presentar una pluralidad en sus planteamientos. Esta pluralidad debe evitar la aparición de sesgos en la información disponible en el panel.

❖ Explicar a los expertos en qué consiste el método. Con esto se pretende conseguir la obtención de previsiones fiables, pues los expertos van a conocer en todo momento cuál es el objetivo de cada una de los procesos que requiere la metodología.

En un Delphy clásico se pueden distinguir cuatro circulaciones o fases:

**Primera circulación**: el primer cuestionario es desestructurado, no existe un guión prefijado, sino que se pide a los expertos que establezcan cuáles son los eventos y tendencias más importantes que van a suceder en el futuro referente al área en estudio.

Cuando los cuestionarios son devueltos, este realiza una labor de síntesis y selección, obteniéndose un conjunto manejable de eventos, en el que cada uno está definido de la forma más clara posible. Este conjunto formará el cuestionario de la segunda circulación.

**Segunda circulación**: los expertos reciben el cuestionario con los sucesos y se les pregunta por la fecha de ocurrencia. Una vez contestados, los cuestionarios son devueltos al moderador, que realiza un análisis estadístico de las previsiones de cada evento. El análisis se centra en el cálculo de la mediana (año en que hay un 50% de expertos que piensan que va a suceder en ese año o antes), el primer cuartil o cuartil inferior (en el que se produce lo mismo para el 25% de los expertos) y tercer cuartil o cuartil superior (para el 75%).

El moderador confecciona el cuestionario de la tercera circulación que comprende la lista de eventos y los estadísticos calculados para cada evento.

**Tercera circulación**: los expertos reciben el tercer cuestionario y se les solicita que realicen nuevas previsiones. Si se reafirman en su previsión anterior y ésta queda fuera de los márgenes entre los cuartiles inferior y superior, deben dar una explicación del motivo por el que creen que su previsión es correcta y la del resto del panel no. Estos argumentos se realimentarán al panel en la siguiente circulación. Al ser estos comentarios anónimos, los expertos pueden expresarse con total libertad, no estando sometidos a los problemas que aparecen en las reuniones cara a cara.

Cuando el moderador recibe las respuestas, realiza de nuevo el análisis estadístico y, además, organiza los argumentos dados por los expertos cuyas previsiones se salen de los márgenes intercuartiles. El cuestionario de la cuarta circulación va a contener el análisis estadístico y el resumen de los argumentos.

**Cuarta circulación**: se solicita a los expertos que hagan nuevas previsiones, teniendo en cuenta las explicaciones dadas por ellos. Se pide a los mismos que den su opinión en relación con las discrepancias que han surgido en el cuestionario. Cuando el moderador recibe los cuestionarios, realiza un nuevo análisis y sintetiza los argumentos utilizados por los expertos.

Teóricamente, ya habría terminado el Delphy, quedando tan sólo la elaboración de un informe en el que se indicarían las fechas calculadas a partir del análisis de las respuestas de los expertos y los comentarios realizados por los panelistas. Sin embargo, si no se hubiese llegado a un consenso, existiendo posturas muy distantes, el moderador debería confrontar los distintos argumentos para averiguar si se ha cometido algún error en el proceso.

#### 4.9. El método de estudio de casos

El método de estudio de casos ha adquirido en la actualidad una importancia significativa en el campo de las Ciencias Sociales. Tuvo su auge durante los años 30 y posteriormente decayó su interés por la aplicación cada vez con más fuerza de los métodos cuantitativos.

Los antropólogos fueron los primeros en darles status científico al método.

Se ha utilizado en el estudio del desarrollo del individuo, de instituciones y de países más recientemente. Podemos citar autobiografía de un indio de Casching Thunder, la obra de Thomas W.I. sobre los emigrantes polacos en los Estados Unidos o los estudios realizados sobre la escuela "la Milagrosa", en Cuba.

El que más se desarrolló durante la posguerra fue el llamado "Método Biográfico", que incluimos de acuerdo con nuestro criterio en el medio de casos. La crisis de los "Métodos Cuantitativos" que se dan al no poder captar la dinámica y todos los cambios que se dan de manera vertiginosa, justifican el renacer de antiguos procedimientos.

El sujeto, lo cotidiano, las prácticas sociales, las instituciones, sistemas educativos y su desarrollo se sitúan en el centro de los objetos de la investigación el método de estudio de casos renace y ocupa un lugar importante tanto en la metodología de la investigación educacional como el estudio de educación comparada y otros cualitativos en particular.

La nueva orientación que se da al método de estudio de casos. Toma al sujeto, la institución y al sistema educativo como centro mismo del conocimiento, como vía esencial para llegar a su esencia y al descubrimiento de sus contradicciones internas y causas.

El estudio de casos puede entenderse como un procedimiento general utilizado para organizar el conjunto de datos disponibles en una investigación. También es adecuada para dar integración y significación dialécticas a las generalizaciones hechas mediante su plasmación integrada en unos o varios sujetos. Ello permite mantener la visión de conjunto del objeto de investigación y destacar su significación humana.

Para muchos propósitos investigativos una descripción desde varias variables aisladas, que atraviesen a los sujetos de la muestra pero sin personificar a ninguno es inadecuada porque deja fuera sus verdaderas realidades, y sobre todo la génesis, el desenvolvimiento contradictorio del objeto de nuestra investigación y las perspectivas de su desarrollo.

Entonces, la aplicación de este método se asocia con procedimientos que permitan recoger e interpretar los datos relevantes hasta darles significado en una singularidad, y por otro lado es también un método de exposición de los resultados y conclusiones de esas indagaciones.

Algunos consideran al estudio de casos como una técnica poco precisa, que depende mucho de la subjetividad de los investigadores. Tal vez se debe a que durante un tiempo los investigadores de las ciencias sociales utilizaron la referencia a casos estudiados sin haber reconstruido o asumido explícitamente una concepción teórica sobre el objeto de investigación, sin precisar el criterio de muestreo, ni revelar los procedimientos de evaluación empleados. Ciertamente, algunos investigadores se valen de este método y llegan a sus conclusiones sin revelar claramente el camino siguiendo, lo que resta confiabilidad a su trabajo.

Debemos advertir que este método no es ajeno a los marcos teóricos de la comprensión del objeto. Toda investigación parte explícita o implícitamente de algunos supuestos teóricos: tanto de la teoría de la personalidad, o de la familia, del grupo; en fin, del objeto de nuestra indagación, como el enfoque metodológico correspondiente. Las concepciones teóricas no solo admiten la construcción de hipótesis sobre la dinámica que encontramos en los casos, sino también permiten definir cuál es la información relevante y explicar cómo se expresara en los métodos de indagación seleccionados. La lógica científica de esta concepción teórica orienta además como organizar la exposición de los resultados.

La utilización del enfoque de casos en investigación requiere del despliegue de un arsenal de métodos teóricos: para profundizar en la comprensión epistemológica que esta tras el estudio de casos se tiene que acudir a las categorías de lo general, lo particular y lo singular. También hay un paso constante de lo concreto a lo abstracto y luego un retorno a lo concreto. Unido a ello, se aprecia el proceso seguido de análisis y tesis para llegar a la topología generalizadora.

El estudio de casos se apoya en diversos métodos empíricos de obtención de la información:

- ❖ observación del sujeto (o familia, grupo, etc.),
- ❖ entrevista a profundidad,
- ❖ reconstrucción de la historia de vida,
- ❖ análisis de contenido de las producciones del sujeto,
- ❖ aplicación de pruebas test psicológicos.

### 4.9.1. Selección de los casos a estudiar o exponer

La selección del caso a analizar depende, en primer lugar de la concepción teórica y metodológica seguida por los investigadores así como también de la naturaleza del objeto de la investigación y de los objetivos concretos que tengan los investigadores.

Si se buscan casos para ilustrar un estudio que se realiza en una muestra grande, los propósitos son más bien los del estudio psicológico, el caso suele ser aquel sujeto promedio, aunque a veces conviene el que lleva mucho tiempo asentado en el lugar que se investiga, el que está situado en un punto clave del sistema de información que circula en la institución o grupo, etcétera. Se debe considerar también la facilidad de acceso de los investigadores al caso, es decir, que se pueda llevar hasta él y sea fácil establecer la comunicación, y productivo por los relatos autobiográficos o testimonios que brinde.

Cuando se necesita hacer un estudio con profundidad, que revele causas, y su desarrollo, y permite un pronóstico de su evolución, no es tan importante la representatividad supuesta de los casos, como la riqueza que tengan, la complejidad que logren reflejar. A veces se busca el caso que evidencia los mayores problemas, pues es él pone a prueba sus virtudes o defectos de un método educativo que se investiga. En otras ocasiones se crea una muestra de casos señalados por algún criterio externo como "muy bajos".

Conviene tomar un número de casos proporcional a la variabilidad supuesta que tengan los sujetos en la muestra estudiada; pero esto depende de los intereses del investigador: arribar a una mera descripción de lo más típico, del promedio, o por el contrario, establecer una tipologización, como veremos a continuación.

### 4.9.2. Tipologización de los casos y presentación de los resultados

El estudio de casos conduce a la creación de topologías que permitan no solo reconstruir la unidad, exponer la historia viva de los sujetos o grupos pequeños que sean de nuestro interés, sino que posibilita crear "prototipos" para la clasificación e inclusión de los demás sujetos. Al respecto advertimos que no se trata de crear agrupaciones artificiales, para darle un sentido a la dispersión fenoménica que aparentemente surge de los casos estudiados. Una topología de este tipo se propone partir de los sujetos investigados, refleja una constelación de cualidades o características existentes objetivamente, y alcanzar esencias explicativas del objeto de estudio.

En ocasiones, las topologías tratan de representar las etapas de un proceso genético, o sea, pudieran corresponder con las diferentes fases (cualitativamente delimitadas) por las que transcurre el desarrollo real del objeto de una investigación. Otras veces las topologías son una integración peculiar de las principales variables consideradas en las hipótesis, demostradas objetivamente en los casos estudiados. Sucede entonces que no se manifiestan todas las combinaciones supuestas entre las variables (ni siquiera muchas de ellas). En otros estudios tal parece que cada tipo de casos obedece a un principio organizativo diferente.

En la construcción de topologías es habitual que se produzcan su confirmación al ampliar la muestra de sujetos. Una buena topología permitirá clasificarlos a todos, de manera unívoca, sin que surjan confusiones sobre la asignación de un nuevo caso a los tipos definidos. Por otra parte, un peligro común es que se construyan algunas pocas categorías, clasificatorias, pero que no engloben a todos los casos de la muestra, lo que conduce a crear una clase o tipo "mixto". Esto puede indicar que la primera topología laborada no refleja toda la diversidad posible porque no hemos construido una serie de clases muy adecuadas a la realidad.

Resulta difícil el proceso de interpretación y la presentación de los resultados de un estudio de casos al investigador le puede suceder que considere evidente para él la información y compresión que posee del caso, pues lo ha estudiado durante largo tiempo; pero tal vez sus argumentos no quedan claramente explicitados las descripciones no transmiten la esencia a los lectores del informe de la investigación no convencen de las conclusiones propuestas vale reiterar que estamos ante un método complejo que requiere grande esfuerzos para concebirlo, aplicarlo en un numero de sujetos que nos permita sacar conclusiones confiables, y exponerlo según las reglas de la comunicación científica.

La exposición del estudio de casos puede abordar de manera más descriptiva, como hace la etnología norteamericana y los estudios de tecnografía educativa; o más explicativos, como en las obras de Niurka Pérez Rojas (ver el hogar de Ana); aunque también puede seguirse el estilo de un informe clínico.

En su estudio sobre la personalidad del adolescente, Rodríguez y Bermúdez (1996) combinan técnicas para explorar la personalidad y además evalúan la esfera cognitiva y de relaciones de los sujetos por medio:
- ❖ completamiento de frases,
- ❖ escalas valorativas,
- ❖ escala analítico-sintética,
- ❖ test de matrices progresivas,
- ❖ entrevista individual.

Por su parte, P.L. Castro, estudia casos de familia para determinar su funcionamiento educativo mediante:
- ❖ encuesta sobre intereses profesionales al adolescente,
- ❖ composición sobre los planes futuros,
- ❖ entrevista individual al adolescente,
- ❖ encuesta a los padres sobre expectativas respecto al hijo e influencias que cree ejercer,
- ❖ entrevista de familia sobre la dinámica de la orientación y decisiones por el futuro,
- ❖ escala de juicios del profesor sobre los alumnos y padres.

## 4.10. Los Tests

Los tests (pruebas en Español), son un caso especial de cuestionario que consiste en un *sistema o conjunto de tareas y preguntas*, que tienen como objetivo la *evaluación* y *comparación de sujetos* en cuanto a cualidades de personalidad, habilidades, nivel de desarrollo intelectual, etc. Esta comparación se realiza sobre la base de normas establecidas previamente.

Es muy extendido el uso de los llamados tests psicológicos, para evaluar tanto aspectos cognoscitivos como efectivos de la personalidad. Según S.L. Rubinstein (1967: 59) "Los tests, en el propio sentido de la palabra, son investigaciones a través de las cuales se ejecuta la clasificación, la determinación de la categoría de una personalidad dentro de un grupo o de una colectividad y se establece su nivel".

Sin embargo, existe comunidad de criterios en tres objeciones fundamentales al uso de los tests:

1. La solución que dan los sujetos a las posibilidades planteadas en los tests no permite determinar la naturaleza interna del acto psíquico implicado. Por cuanto, respuestas iguales pueden ser explicadas por procesos psíquicos diferentes.
2. El diagnóstico que se hace de las posibilidades del sujeto a partir de su nivel de ejecución en el tests parte de un análisis mecánico de la conducta, ya que no tiene en cuenta la influencia de los factores sociales en la realización del sujeto. Así, por ejemplo, si se aplica un test de inteligencia a 2 sujetos que proceden de medios sociales diferentes (proletario y burgués) evidentemente se obtendrán diferencias significativas en los resultados a favor de aquel sujeto que ha tenido mayores posibilidades educativas.
3. El pronóstico se hace a partir de la ejecución de los sujetos en el test es también limitado. Existen múltiples experiencias que demuestran que sujetos con iguales resultados obtenidos en tests de inteligencia muestran posteriormente diferencias en su nivel de realización intelectual; así como también sujetos con coeficientes de inteligencia bajos, han logrado posteriormente mejores niveles de realización en su actividad docente y laboral que otros sujetos que han sido evaluados con coeficiente intelectual alto.

Los tests, más que una valoración general de las posibilidades de un sujeto tanto en su nivel de ejecución (test de inteligencia, capacidades) como en la determinación de su esfera inductora de la personalidad (test proyectivos, test de intereses), ofrecen una valoración particular tanto de las posibilidades de un sujeto como de sus cualidades personales en un momento determinado y en condiciones específicas; es en este sentido se debe valorar:

**En primer lugar:** cualquiera de los tests, ha sido elaborado por determinado científico apoyado en sus concepciones teóricas. De esa manera al utilizarlos, de una manera o de otra, se reproduce y acata las concepciones teóricas de su autor, las que muchas veces no se corresponden con las concepciones teóricas que asume el investigador.

**En segundo lugar:** por lo general, los tests sólo permiten llegar a una descripción de los fenómenos que estudian, sin poder llegar a una explicación de ellos. Por otra parte, si dos personas resuelven o no un test, el significado de estos hechos puede ser muy diferente pues un mismo resultado puede ser motivado por diferentes procesos psicológicos.

**En tercer lugar:** el uso de los tests debe hacerse con sumo cuidado y siempre después de haber realizado un profundo análisis de sus verdaderas posibilidades. Esto no quiere decir que los tests deban ser desechados de manera absoluta en el trabajo de investigación pedagógica. Ahora bien, debe dirigirse a contribuir como un medio más al descubrimiento de los factores psicológicos que afecten el proceso educacional y siempre teniendo en cuenta que existe una cierta falta de correspondencia entre lo que pretendemos estudiar y lo que el test mide realmente.

### 4.11. Las Pruebas Pedagógicas

En sentido general, una prueba es una tarea, actividad, ejercicio o conjunto de ellos que se le consignan a los sujetos, a fin de conocer sus características individuales (en psicología), o el nivel de aprendizaje alcanzado por los sujetos en alguna esfera de la actividad cognoscitiva, comunicativa, práctica o valorativa. Ellas, ayudan a conocer la efectividad de la enseñanza y mejorar el control del proceso docente-educativo. De ahí, se precisan dos objetivos básicos de las pruebas pedagógicas:

1. evaluar el aprovechamiento de los estudiantes en una determinada disciplina.
2. diagnosticar el estado de los conocimientos, hábitos y habilidades en un momento determinado (Por ejemplo: al inicio de un experimento).

Existe una diversidad de pruebas, así por ejemplo:

1. **Prueba de Conocimiento**: Examina cuán bien los estudiantes conocen los hechos de la lengua.
2. **Pruebas Subjetivas**: evalúan habilidades de la lengua en un contexto natural.
3. **Pruebas productivas**: estas requieren de respuestas activas y creativas.
4. **Prueba de Sub-habilidades Lingüísticas**: Este tipo de pruebas evalúa los diferentes componentes por separados.
5. **Prueba de Norma de Referencia**: compara a cada estudiante del aula.
6. **Prueba de Puntos Discretos**: evalúa aspectos muy específicos.
7. **Prueba de Actitud**: evalúa cuán bien preparados están los estudiantes en determinadas áreas del conocimiento.
8. **Prueba de Actuación**: evalúa cuán bien los estudiantes emplean la lengua.
9. **Prueba Objetiva**: en este tipo de prueba existe solo una elección.
10. **Prueba Receptiva**: este tipo de prueba se sustenta en el reconocimiento.
11. **Prueba Comunicativa**: muestra cuán bien los estudiantes emplean la lengua.
12. **Prueba de Criterio de Referencia**: evalúa a los estudiantes a partir de determinados estándares, en vez de cómo otros estudiantes lo hacen.
13. **Prueba Mixta**: combina varias sub-habilidades.
14. **Prueba de Logros:** evalúa el progreso.

### 4.12. El estudio de la documentación escolar

El **estudio de la documentación escolar** y las normativas establecidas por el organismo educacional. Se clasifican, generalmente, en oficiales y personales. Los **documentos oficiales** no emanan o se refieren a una persona, sino a las instituciones. Esto también hace su división según el carácter de las instituciones (Ministerios, Partidos, el Estado, Empresas, Centros educacionales y hasta la organización laboral o estudiantil, etc.). Como tal pueden servir para valorar: corriente, informes o resúmenes casuísticos o periódicos. En ellos generalmente interesa: el material descriptivo, o el material estadístico, o la comparación de ambos. Este estudio es por eso también llamado a veces *"análisis de contenido"*.

Pertenecen a los **documentos personales** las descripciones que realizan los sujetos de sus propias acciones, sensaciones y convicciones y adoptan en general las formas de diarios, cartas, las autobiografías y las composiciones. La objetividad y utilidad de estas fuentes informativas están condicionadas por situaciones como: el nivel cultural del autor, el nivel interpretativo del investigador, las técnicas empleadas, las costumbres y tradiciones, etc. Esto abarca la revisión de planes y programas, las indicaciones metodológicas, los planeamientos de los maestros, los calendarios y horarios escolares, la asistencia y evaluación de los alumnos, el expediente acumulativo del escolar utilizado en Cuba y otros.

### Capítulo V. Diseño metodológico de la Investigación Científica: Métodos y Técnicas del nivel Matemático-Estadístico

Es de singular importancia realizar un adecuado procesamiento de la información que se obtiene al aplicar los diferentes instrumentos correspondientes a los métodos empíricos que se utilicen durante el proceso de la investigación cualquiera sea el enfoque o inclusive el paradigma que se asuma.

### 5.1. Procesamiento de los datos

Primeramente, se aludirán las diferentes operaciones que se pueden realizar con los datos obtenidos a través de diversos métodos y técnicas de carácter empírico. No obstante, es notorio acotar que: **procesar los datos,** significa organizarlos, tabularlos, clasificarlos de manera que se pueda hacer un análisis lo más objetivo y fiable posible de dicha información. Existen diferentes operaciones que se pueden realizar, así por ejemplo:

- ❖ La codificación.
- ❖ La tabulación.
- ❖ La categorización de las preguntas abiertas.
- ❖ La formación de las tablas.

**La codificación:** es la asignación de símbolos o números a todas y cada una de las categorías de respuestas recogidas en la información.

Ejemplo: si usted solicita una respuesta en: (Muy Alto, Alto, Medio, Bajo y Muy Bajo), puede asignar números y hacerlos corresponder con las categorías de respuestas posibles de tener y en este caso particular, pudieran ser 5, 4, 3, 2, 1.

**La tabulación**: un proceso que permite determinar la frecuencia del fenómeno objeto de investigación. (Respuestas, variables, etc).

Ejemplo: si usted toma una muestra de 100 calificaciones de determinada asignatura de un año, en una escala de 0-100 puntos, puede dividir en intervalos de clase, los puntajes obtenidos de la manera siguiente:

| Intervalos | Frecuencias |
|---|---|
| 0-9 | 0 |
| 10-19 | 0 |
| 20-29 | 0 |
| 30-39 | 1 |
| 40-49 | 4 |
| 50-59 | 3 |

| | |
|---|---|
| 60-69 | 10 |
| 70-79 | 18 |
| 80-89 | 41 |
| 90-100 | 23 |

**La categorización de las preguntas abiertas:**

Se aplica fundamentalmente en entrevistas y encuestas. Consiste la agrupación de las respuestas, por ejemplo: en tendencias, en aspectos positivos o negativos, etc. Este fenómeno no ocurre cuando se realizan preguntas cerradas, por cuanto estas facilitan la obtención de: la frecuencia de lo respondido.

La formación de tablas:

Consiste en agrupar los datos en tablas convenientemente preparadas, lo que facilita la aplicación de los métodos estadísticos.

### 5.2. Diferentes tipos de variables

Para realizar el análisis de los datos ante todo se debe conocer qué tipo de variables han sido empleadas.

**Son variables categóricas o cualitativas:**

1. Las nominales,
2. Las ordinales.

**Son variables numéricas o cuantitativas:**

1. Discretas,
2. Continuas.

Es significativo acotar que en dependencia del tipo de la variable, así deberá ser el análisis de ellas.

**Variables nominales:**

**Ejemplo:**

Se quiere conocer la forma de traslado de los estudiantes en una Universidad. A partir de la variable "forma de traslado", cuyos valores pueden ser representados como (C) --- caminando o (V) --- vehículo. Se clasifican los estudiantes en dos categorías, pero no se establece algún orden. Son categóricas nominales.

**Variables ordinales:**

**Ejemplo:**

Se realiza una encuesta para conocer si en la asignatura, Metodología de la Investigación Jurídica, los ejemplos que se utilizan en clase se relacionan con las aplicaciones de las normas a los hechos de la vida cotidiana. Se les ofrecieron cinco opciones de respuestas.

a) Nunca,
b) Raras veces,
c) Algunas veces,
d) Casi siempre,
e) Siempre.

La vinculación "Opinión sobre la relación ejemplificación-contenido" clasifica a los estudiantes según la opción elegida, pero establece un orden en las respuestas dadas. Son categóricas ordinales.

**Variables discretas**:
**Ejemplo:**
Se elabora una prueba de diagnóstico con un determinado número de items, pero con sólo dos opciones de respuesta en cada uno de ellos, Verdadero (V) o Falso (F). El estudiante responde cada uno de los mismos, sin posibilidades de respuestas intermedias. Los posibles valores que puede tomar la variable "Número de aciertos" son el cero y los números enteros positivos.

En este ejemplo se observa que los valores de las variables son números enteros no negativos, y además tiene sentido compararlos, calcular diferencias, es decir realizar operaciones matemáticas con ellos. Son variables numéricas o cuantitativas: son discretas.

**Variables continuas:**
**Ejemplo:**
Se requiere conocer cuánto crecen en un año los niños que ingresan con 6 años a la escuela primaria. Se miden con un instrumento de medición que aproxima el resultado hasta los milímetros. En este caso los valores de la variable "Estatura de los niños de 6 años", son todos los números que pertenecen a algún intervalo del conjunto de los Números Reales. En este caso se encuentra la presencia de una variable numérica o cuantitativa continua.

Es importante distinguir el tipo de variable que se utiliza, pues los procedimientos estadísticos están asociados a los tipos de variables y se usa uno u otro en dependencia de ello.

### 5.3.    Elementos de Estadística Descriptiva

Al aplicar la estadística descriptiva, se pueden analizar **la media, moda y mediana como medidas de tendencia central,** que permiten conocer cuan agrupados están los valores (datos) que ha tomado una variable, respecto a un valor tomado como "centro", "medio", "promedio"
Pudiera realizarse de diferentes maneras:

### 5.3.1. La media

Se suman todas las puntuaciones obtenidas por los estudiantes y se dividen entre el número de estudiantes.

Existen otras formas de calcularla en función de cómo se hayan agrupado los datos, pero no es objeto de tratamiento, en este libro, para mayor información remítase a la bibliografía donde encontrará información de diferentes tratados estadísticos.

### 5.3.2. La moda

El valor, la clase o la categoría que ocurre más a menudo, es decir con mayor frecuencia. Se aplica tanto a variables categóricas como numéricas.

En una muestra de tamaño N, la moda, si existe, es el dato o los datos, que tienen mayor frecuencia absoluta.

De lo anterior se infiere que en una muestra para que haya moda, tiene que existir por lo menos un dato que se repita una cantidad de veces mayor que la que aparecen los demás. Por tanto, en una muestra la moda puede o no existir, y si existe puede ser única o no. Así, si la moda es única, la muestra se dice que es unimodal, si existen dos modas es bimodal, tres modas trimodal y más de esta cantidad es plurimodal.

La moda se puede calcular para cualquier escala de medición de la variable que se estudia.

Para denotar la moda de una variable X, usaremos la notación $\hat{X}$.

Para calcular la moda, es recomendable realizar una tabulación de los datos de la variable: si la escala de medición es no métrica o métrica, pero con "pocos" datos, la tabulación se hará con datos individuales; de lo contrario, mediante intervalos de clases.

Ejemplo 1: Consideremos una muestra aleatoria de cinco alumnos y sus calificaciones, en puntos, de Matemática:

| Alumnos | Notas |
|---|---|
| $A_1$ .... | 85 |
| $A_2$ .... | 85 |
| $A_3$ .... | 85 |
| $A_4$ .... | 85 |
| $A_5$ .... | 85 |

Calcule la moda.

Solución: En realidad aquí estamos ante un caso `extremo', en el que todos los datos son iguales: la muestra es de cinco alumnos (N=5). La variable que se mide, como son las notas, está en una escala de intervalos.

Como los cinco estudiantes tienen –en Matemática– la misma nota (85 puntos), entonces, la frecuencia absoluta de cada dato es igual a N, por tanto, no existe ningún dato que se repita más que los otros, esto hace que no existe la moda.

Observaciones: Supongamos que se tienen las notas de estos mismos alumnos en Física, Química, Biología y Geografía:

| Alumnos | F | Q | B | G |
|---|---|---|---|---|
| $A_1$..... | 86 | 66 | 85 | 78.4 |
| $A_2$..... | 82 | 82 | 86 | 96.6 |
| $A_3$..... | 91 | 91 | 85 | 78.4 |
| $A_4$..... | 79 | 99 | 92 | 75.0 |
| $A_5$..... | 87 | 87 | 77 | 96.6 |

Calculemos la moda, en cada asignatura.

Para Física, se ve que cada uno de los datos tiene frecuencia absoluta igual a uno, es decir, ninguno de ellos se repite más que los otros, por tanto, tampoco existe la moda. Algo similar ocurre en el caso de Química.

En Biología, se ve que dos alumnos tienen notas de 85 puntos, mientras que los otros tres, tienen calificaciones diferentes entre sí, es decir, la frecuencia absoluta de 85 es 2, y la de

86, 92 y 77 es uno, respectivamente, por tanto, aquí la moda es de 85 puntos: la calificación más frecuenta que obtienen los alumnos de la muestra, en Biología, es de 85 puntos. Se trata de una muestra unimodal. En símbolos: $\hat{X}$ =85 puntos.

Analice que para Geografía, la muestra es bimodal.

### 5.3.3. La mediana

Es el valor del renglón central (datos impares) o la media de los valores de dos renglones en el centro (datos pares) cuando los valores de los datos se colocan en un orden de magnitud creciente o decreciente.

La distribución de frecuencias es un conjunto de puntuaciones ordenadas en un grupo de categorías establecidas por el investigador.

**Ejemplo:**

Un grupo de 20 especialistas considerados expertos opinan sobre un determinado Decreto Ley, de la manera siguiente:

| Categorías | Frecuencias |
|---|---|
| (E) EXCELENTE | 2 |
| (MB) MUY BIEN | 6 |
| (B) BIEN | 8 |
| (R) REGULAR | 3 |
| (M) MAL | 1 |
| Total | 20 |

Las medidas dispersión indican cómo están diseminadas los valores obtenidos alrededor de las medidas de tendencia central, generalmente son intervalos que designan distancias o un número de unidades en una escala de medición.
Las más usadas son:

- El rango,
- La varianza,
- La desviación típica o standard,

**El rango:**

Es el intervalo entre los valores menor y mayor obtenidos por la variable. Indica el número de unidades que debe poseer una escala de medición para que los contenga.
$R = X_M - X_m$
A mayor rango, mayor será la dispersión de los datos de una distribución.

90

### 5.3.4. La varianza

Es un estadígrafo de dispersión importante, respecto a la media y puede ser aplicado a la media, en series de datos simples, repetidos, agrupados o distribuciones de frecuencia.

Se obtiene al sumar las desviaciones al cuadrado, de cada dato con respecto a la media de cada serie y dividir esta suma por el total de observaciones. Se simboliza por $S^2$

### 5.3.5. La desviación típica o estándar

Es el promedio de la desviación de las puntuaciones con respecto a la media. Se expresa en las unidades originales de medición de la distribución. Su interpretación es en relación con la media. Cuanto mayor es la desviación típica o standard, mayor será la dispersión de los datos alrededor de la media. Se simboliza por $S$ o por $\sigma$

### 5.4.    Pruebas paramétricas y no paramétricas

Existen dos tipos generales de pruebas estadísticas las paramétricas y las no paramétricas.

**Las pruebas paramétricas**

Tratan exclusivamente con datos numéricos (escalas de intervalos o razones) y por lo general están basadas en las propiedades de la distribución normal o gausiana, para la variable dependiente.

Esta distribución se manifiesta cuando los datos son mediciones repetidas de la misma variable, en unidades de muestreo extraídas al azar de la población y cuando la muestra es grande: aquí encontramos pruebas posibles de utilizar como son: la "t" de student, el coeficiente de correlación de Pearson, la regresión lineal, el análisis de varianza unidireccional (ANOVA Oneway), análisis de varianza factorial (ANOVA), análisis de covarianza (ANCOVA) y se tratan estadígrafos descriptivos como la desviación standard, la moda, la mediana y la media.

Además deben cumplir ciertas condiciones, como son:

❖    Las observaciones deben ser independientes entre sí,

❖    Las poblaciones deben hacerse en poblaciones distribuidas normalmente,

❖    Estas poblaciones deben tener la misma varianza

❖    Las variables deben haberse medido por lo menos en una escala de intervalo de manera que sea posible utilizar las operaciones aritméticas.

**Las pruebas no paramétricas**

Trabajan con variables nominales y ordinales, no asumen un tipo particular de distribución, se aceptan distribuciones no normales, son menos exigentes que las paramétricas en cuanto al tamaño de la muestra.

Las más utilizadas son: el Ji cuadrado, coeficientes de correlación e independencia para tabulaciones cruzadas, coeficientes de correlación por rangos ordenados Spearman y Kendall

Las pruebas no paramétricas son necesarias también cuando:

❖    Los tamaños de las muestras son tan pequeñas como N=6

❖ La investigación aporta resultados que sólo se puedan referir a un comportamiento de los sujetos en mayor o menor grado de ciertas características, pero sin especificar cantidad.

Las pruebas estadísticas no paramétricas pueden usarse para probar hipótesis que requieren:

| a) Sólo una muestra (existe una PP que suele usarse la "t" de student) | 1. La prueba binomial<br>2. La prueba de Ji cuadrado de una muestra<br>3. La de Kolmogorov- Smirnov de una muestra<br>4. La de rachas de una muestra |
|---|---|
| b) Dos muestras relacionadas | 1. McNemar para la significación de los cambios<br>2. De los signos<br>3. La de rangos y pares igualados de Wilcoxon<br>4. La de Walsh<br>5. La de aleatoriedad de pares |
| c) Dos muestras independientes (suele usarse la "t" de student a las medias de los dos grupos. | 1. Prueba de probabilidad exacta de Fisher<br>2. La de Ji cuadrado para dos muestras independientes.<br>3. La de Umann-Whitney<br>4. La de dos muestras de Kolmogorov- Smirnov<br>5. La de la mediana<br>6. La de rachas de Walsh-Wolfowitz<br>7. Prueba de aleatoriedad para dos muestras independientes |
| d) Para k muestras relacionadas | 1. La de Q de Cochran<br>2. Análisis de varianza de dos clasificaciones por rangos de Friedmann |
| e) Para k muestras independientes | 1. Prueba Ji cuadrado para k muestras independientes<br>2. Extensión de la prueba de la mediana<br>3. Análisis de varianza de una clasificación por rangos de Kruskall-Wallis |

**Para el caso a)**

Si se requiere probar una hipótesis acerca de si el origen de una muestra es una población con distribución específica, se puede usar una de las tres pruebas siguientes:

❖ La binomial,

❖ La de Ji cuadrado de una muestra,

❖ La de Kolmogorov- Smirnov de una muestra.

**Para el caso b)**

La de McNemar se utiliza para estimar la significación de los cambios para muestras grandes y pequeñas si una de las variables se ha medido nominalmente.

Si se ha utilizado variables ordinales se debe usar la prueba de los signos.

**Para el caso c)**

Cuando se desea conocer si dos muestras difieren en la medida de su tendencia central, se deben elegir:

* La mediana,
* La de Fisher (si n es pequeña)
* La de U de Mann – Whitney
* La de K-S para pruebas de una sola cola
* La de aleatoriedad

Si se desea conocer si las muestras difieren en cualquier aspecto se pueden elegir:

* La Ji cuadrado para dos muestras
* La de K-S de dos colas
* La de las rachas de Walsh-Wolfowitz
* La de Moses se utiliza para probar si el grupo experimental tiene un cumplimiento extremo respecto al grupo control.

**Para el caso d)**

La Q de Cochran es útil si la variable en estudio está en una escala nominal u ordinal.

La de Ji cuadrado de Friedman es útil si la variable está al menos, en una escala ordinal.

**Para el caso e)**

De todas, la más eficiente es: la de Kruskall Wallis y se emplea cuando la escala es ordinal

El Ji cuadrado es útil cuando los datos están en frecuencias y no en puntajes y cuando las medidas son nominales o están descritas por categorías de una ordinal.

A continuación se ofrece un resumen de las pruebas estadísticas más usadas

| MÉTODO | GRUPOS | ESCALA DE MEDIDA | PROPÓSITO |
|---|---|---|---|
| Prueba Z | Uno | Intervalo | Establecer límites o media hipótetica de la prueba |
| Prueba T | Uno | Intervalo | Establecer límites o media hipótetica de la prueba |
| Prueba F para varianza | Dos | Intervalo | Encontrar diferencias entre varianzas |
| Análisis de varianza: Clasificación simple | Dos o más | Intervalo | Encontrar diferencias entre las medias |
| Análisis de varianza: Clasificación doble | Cuatro o más | Intervalo | Encontrar diferencias entre las medias |
| Ji cuadrada: | Uno | Nominal | Determinar si las |

| | | | |
|---|---|---|---|
| Simple | | | frecuencias observadas difieren de lo esperado |
| Ji cuadrada: Asociación | Dos o más | Ambas | Determinar si dos variables están asociadas. |
| Ji cuadrada: Prueba de la mediana | Dos | Ordinal o intervalo | Encontrar diferencias entre dos grupos |
| Correlación: Ordinaria | Uno | X y Y, ambas. Intervalo | Determinar el grado de relación |
| Correlación: Orden de rango | Uno | X y Y, ambas. Ordinales | Determinar el grado de relación |

**Capítulo VI. Diseño metodológico de la Investigación Científica. Diseño Muestreal**

**6.1. Población y Muestra. La selección muestreal**

Es significativo señalar que la población la define el investigador (sus límites y características), en función de los objetivos perseguidos y de las generalizaciones a que desea llegar.

Muchos investigadores no describen lo suficiente las características de la población o asumen que la muestra la representa automáticamente, luego cuando tratan de generalizar los resultados no alcanzan efectos similares, en ocasiones constituyen lo contrario al nivel de aspiración del investigador. Es, por tanto, preferible establecer claramente las características de la población, a fin de delimitar cuáles serán los parámetros muestrales a fin que los resultados puedan ser generalizados al resto de la población.

En la mayoría de las investigaciones no es posible abarcar la población debido a los gastos de todo tipo que ello originaria. Además, se ha demostrado científicamente que es posible lograr precisión sin recurrir a toda la población, utilizando una MUESTRA.

Para determinar la población, es necesario:

1. determinar los **objetivos** de la investigación: los objetivos constituyen el fin de la investigación, el resultado científico.
2. determinar las **unidades de análisis**: las unidades de análisis constituyen la fuente directa de información, los individuos concretos que serán objeto de la aplicación de un método o instrumento de investigación.
3. determinar los **parámetros**: los parámetros son las medidas que se obtienen de la población.

Una vez definidas estas categorías, es posible determinar la población. La población es el conjunto que se encuentra conformado por todas las unidades de análisis o todas las características que son de interés, relevantes, para el investigador. Es el conjunto de todos los casos que concuerdan con una serie de especificaciones.

Después de determinar la población es que se procede a determinar la muestra. La muestra: Es un conjunto extraído por un procedimiento técnico de la población. Es un grupo relativamente pequeño, es un subgrupo de esta que va a ser estudiada y sobre la cual se pretende generalizar los resultados, constituyen de unidades de análisis, que supuestamente representan en mayor o menor grado las características de la población.

La determinación de la muestra se realiza a través de:

❖ **El muestreo:** Se refiere a los métodos, procedimientos y técnicas que se emplean para trabajar la muestra.

❖ **Representatividad:** Es el centro y esencia del problema del muestreo y reside en la garantía de que es posible extrapolar, o generalizar resultados obtenidos en la muestra hacia toda la población.

### 6.1.1. La selección de la muestra

El muestreo persigue que la muestra de elementos con los que vamos a trabajar, sea representativa de la población, es decir, que en la muestra estén representados los diferentes elementos que integran la población. Para obtener una muestra representativa se utilizan diferentes tipos de muestreos. La clasificación más generalizada es la siguiente:

**Muestreo probabilístico** (representativo): Es el que se basa en la teoría de las probabilidades, diseñado de forma que las unidades de observación de la muestra sean una representación efectiva de la población. Cada individuo tendrá la misma "equiprobabilidad" de formar parte de la muestra. Sólo con este método es posible hablar de **Representatividad**. El muestreo probabilístico puede ser de dos tipos: muestreo aleatorio simple y muestreo estratificado al azar.

**El muestreo aleatorio simple (muestra al azar).** Es la forma clásica del muestreo probabilístico. Se garantiza escogiendo la muestra al azar (aleatoriamente), pero no por casualidad. Se le garantiza la misma probabilidad a cada elemento lo que ofrece una alta representatividad. Los principales procedimientos de este tipo de muestreo son:

1. **Sorteo:** Partiendo del listado de la población que se va a considerar, se le asigna a cada elemento un número corrido, los cuales se escriben además, cada uno en un papel, de los que se escogen los determinados por la muestra establecida, se anotan y se reincorporan al recipiente para conservar la probabilidad.

2. **De los intervalos fijos**: Se divide la población entre la muestra para sacar el intervalo: p/m = I. Del listado numerado de la población se saca un primer número al azar y los siguientes se sacan según el intervalo definido.

3. **Tabla de números aleatorios:** Es muy común y fácil de encontrarla. Hay que determinar la población (Ej. 150 elementos) y se obtiene el número de dígitos (supongamos 3) y según esto, se toma X () columnas, filas o diagonales (convencionalmente), estén adyacentes o no. (Ej. las tres filas primeras). Según la muestra (por Ej. 15 elementos) se les toma de los tres primeros dígitos de los números de la tabla oficial.

4. **Muestreo estratificado al azar:** En primer lugar se divide la población con arreglo a determinadas **características relevantes**, divisiones que van a constituir ESTRATOS. Cada uno de ellos va a ser tratado como una población aparte y en cada uno se realizará un muestreo aleatorio. Por Ej. Un estrato con los profesores de más de 10 años de experiencia; Otro con los de 5 a 10; otro con los de menos de 5. De cada estrato, proporcionalmente, se toma al azar los elementos determinados por la muestra, para integrarla. Todos van a estar representados.

En este método es importante los criterios que vamos a utilizar para formar los estratos. Se debe atender a:

1. Significatividad de los estratos.
2. Practicabilidad de los estratos. No se puede dividir demasiado la población.
3. Proporcionalidad del tamaño de los estratos de la muestra en relación con el

tamaño de éstos en la población.
El muestreo estratificado tiene una serie de ventajas:
a) Eleva el grado de representatividad de la muestra.
b) Implica generalmente economía de recursos.
c) Logra mayor productividad en cuanto a conocimiento, en cuanto al nivel de información.
**Muestreo no probabilístico**. No tiene un procedimiento para asegurar que todos los individuos, o sus características, estén representados. Por tanto, no existe garantía de representatividad, por lo que las generalizaciones deben ser muy cautelosas. El muestreo no probabilístico puede ser: Incidental (o accidental) e Intencional (o por cuotas).
El **Muestreo incidental (o accidental).** Se trabaja con muestras seleccionadas casualmente. Por Ej. Cuando se toman opiniones sobre el nuevo horario a la salida del centro o sobre la calidad del servicio en un comedor, etc.
Estas muestras se utilizan para estudios exploratorios, para los pilotajes, en fin, cuando se quiere hacer estudios preliminares e iniciales sobre un fenómeno. Generalmente NO ES APLICABLE EN LAS CIENCIAS PEDAGOGICAS.
El **Muestreo intencional o por cuotas**: Aunque es del tipo incidental también, su mayor rigor consiste en que se establecen cuotas según las características de la población. La muestra se selecciona atendiendo a que los elementos reúnan determinadas características significativas y típicas de la población.

### 6.1.2. Determinación del tamaño de la muestra

Una vez se conoce quienes van a constituir la muestra, es necesario saber si el tamaño de esta es representativo en relación con el tamaño de la población; es decir si en esta se manifiestan todas las variables que existen en la población a fin de poder generalizar los resultados de la investigación alcanzados en la muestra a toda su población. Por tanto, se considera que la representatividad de la muestra no está dada en la cantidad, en las características externas; sino en la esencia, en la calidad de las variables que constituyen parámetros. Independientemente, se debe ser cuidadoso en cuanto al número de sujetos que debe integrar la muestra para que los resultados puedan ser replicables a toda la población. Por tanto:
1. Si la población es heterogénea y/o existen variables numerosas, es necesario una muestra amplia, nunca menor del 30%.
2. Si la población es homogénea y las variables se refieren a cosas estables, la muestra puede ser más pequeña, solo el 26%.
Las Matemáticas y Estadísticas revelan sólo las características externas, cuantitativas, las tendencias, y no la esencia; lo que sólo es posible por medio del análisis cualitativo teórico de los datos obtenidos y trabajados con sus técnicas.

**Bibliografía**
1. Álvarez, C. Metodología de la Investigación Científica. Santiago de Cuba 1995.
2. Ary, D. (et al.) Introduction to Researh in Education (Fourth Edition). Holt, Renechart, Winston, inc. The Dryden Press. USA, 1990.
3. Beltrán, E. y Orduña, J. "Curso de Derecho Privado". Valencia, 1995.
4. Bernett, J.R. Prose Style. San Francisco, 1971.
5. Bisquerra, R.: "Métodos de investigación educativa. Guía práctica", Ediciones CEAC, S.A., Barcelona, España, 1989.
6. Bobbio, N. "Teoría General del Derecho". Editorial Temis, Bogotá, 1987.
7. Buena Villa, R. El artículo científico, sus caras. Folleto, 2000.
8. Danhke, G.L. Investigación y Comunicación. México, 1989.
9. Dean Brown, J. Undestanding Reasearch in Language Learning. Cambridge University Press. London, 1995.
10. Engels, F. Carta a J. Bloch, en Obras Escogidas, Tomo Único.
11. Fuentes, O. (et-al). La diversidad en el proceso de investigación científica. Universidad de Oriente. Santiago de Cuba, 2004.
12. Hegel. Obras. Ciencia y Lógica. Hachette. Buenos Aires, 1939.
13. Hill, A. Essays in Literary Analysis. Austin, Texas, 1966.
14. Hobbes, T. Obras Escogidas. Gosizdat. Moscú-leningrado, 1926.
15. Lenin, VI. Quiénes son los amigos del pueblo y cómo luchan la social democracia. Editorial Progreso. Moscú, 1978.
16. Lenin, VI. Cuadernos filosóficos, Obras Completas. La Habana, 1964.
17. Machado, E. Transformación - acción visión  marxista – martiana de la investigación pedagógica en Cuba. Soporte electrónico, 2001.
18. Maldonado, A(et-al) Expresión y lenguaje. Ministerio de Educación y Cultura, 2001.
19. Mewton, I. Principios matemáticos de la filosofía natural. Leningrado, 1929.
20. Pérez, G. (et.al) Metodología de la Investigación Educacional. Editorial Pueblo y Educación. La Habana, 2001.
21. Richards, J. The Languages Teaching Matrix. Cambridge University Press, 1990.
22. Rubinstein, S.L. Principios de Psicología General. Edición Revolucionaria, 1967.
23. Selltiz, C. (et-al). Métodos de investigación en las relaciones sociales. Madrid. Ed.RIALP. Octava Edición, 1976.
24. Weissberg, R. Buker, S. Writing up Research. USA, 1990.

Made in the USA
Coppell, TX
12 May 2022